Disciplina
con amor tus emociones

DISCIPLINA
CON AMOR TUS EMOCIONES

Rosa Barocio

EL LIBRO MUERE CUANDO LO FOTOCOPIAN

❦

Título de la obra: *Disciplina con amor tus emociones*
Título 1ª edición: *Explora tus emociones para avanzar en la vida*

COORDINACIÓN EDITORIAL: Matilde Schoenfeld
PORTADA: Víctor M. Santos Gally
DIAGRAMACIÓN: Ediámac

© 2014   Editorial Pax México, Librería Carlos Cesarman, SA
Av. Cuauhtémoc 1430
Col. Santa Cruz Atoyac
México DF 03310
Tel. 5605 7677
Fax 5605 7600
www.editorialpax.com

Segunda edición
ISBN 978-607-9346-24-9
Reservados todos los derechos
Impreso en México / Printed in Mexico

A mis hijos, hermanos y amigos.

Gracias por apoyarme y confrontarme cuando lo necesito.

Gracias por contribuir a mi crecimiento.

ÍNDICE

INTRODUCCIÓN

Todos caminamos por la vida cargando una mochila. Desde pequeños la hemos ido llenando de todo tipo de cosas: creencias, actitudes, valores, emociones reprimidas. Algunas de ellas son ligeras y nos alientan y animan para seguir adelante, mientras otras nos pesan y nos impiden avanzar. La mayoría de las personas, sin embargo, pasan por la vida sin detenerse jamás a revisar lo que han acumulado, sólo les parece que conforme pasan los años, cada vez tienen más dificultad para seguir caminando. Culpan a las circunstancias, a las personas que les rodean o a la mala suerte de su transitar oneroso. Nunca se les ha ocurrido pensar que pueden aligerar su mochila para viajar más ligeros por la vida.

Con esta lectura te invito a revisar tu mochila. ¿Qué cargas en ella? ¿Qué quieres desechar?, y ¿con qué decides quedarte? ¿Qué cosas nuevas deseas incluir?

La revisión necesita reflexión y tiempo. Una clara observación para vernos con nitidez y honestidad para no engañarnos a nosotros mismos. También requiere valor para aceptar esas partes que estamos acostumbrados a esconder y pretender que no existen.

Esta lectura fue originalmente diseñada para acompañar al libro *Conocer tu temperamento mejora tus relaciones*. Con ella deseo compartir una parte importante de mi crecimiento personal, pues he descubierto que sólo haciendo un esfuerzo consciente por conocer y comprender mejor mis procesos emocionales puedo vivir de una manera más plena.

Te ofrezco muchos temas de forma condensada, acompañados de ejercicios que puedes trabajar en el orden que mejor te convenga.

Como apoyo adicional ofrezco distintas afirmaciones que pueden ayudarte a cambiar creencias equivocadas. Una afirmación es una frase que nos ayuda a enfocarnos en nuestro valor y nuestras capacidades. Son frases positivas que ayudan a desarraigar pensamientos negativos que aparecen en nuestra conciencia y que muchas veces ni recordamos de dónde nos llegaron. Puede ser que una frase que escuchamos cuando éramos niños: "¡No sirves para nada!", ahora surja en nuestra conciencia cuando estamos tratando, por ejemplo, de completar un proyecto. Entonces nos sentimos inseguros e incompetentes, y saboteamos nuestra creatividad y nuestra eficiencia.

De niños y adolescentes muchas veces escuchamos frases negativas o entretuvimos pensamientos equivocados que se fueron repitiendo una y otra vez hasta que se convirtieron en creencias. Una creencia es simplemente un pensamiento que nos hemos repetido muchas veces. Es así como tenemos creencias equivocadas de nosotros mismos y de nuestra relación con el mundo. Estas creencias están almacenadas en nuestro subconsciente y ahora que somos adultos, surgen cuando menos lo esperamos y nos hacen sentir impotentes.

Para cambiar una creencia necesitamos empezar a entretener pensamientos positivos que nos animen y nos den fuerza. Entonces, cuando titubeamos, por ejemplo, al querer poner un límite o decir "no" y recordamos estas afirmaciones, podemos recuperar nuestra seguridad para hacer lo que consideramos correcto.

Te recomiendo que escojas una o dos afirmaciones de las que más te atraigan y confíes en que éstas serán las que necesitas como apoyo. Yo encuentro que es difícil enfocarme en más de dos, máximo tres, a la vez. Puedes transcribirlas en varios papeles y ponerlas en tu bolso o cartera, en el espejo del baño, en tu escritorio y en el buró al lado de la cama. En pocas palabras, en cualquier lugar en donde estén constantemente a la vista. Cada vez que las veas, repítelas en voz alta o mentalmente. Si lo haces con frecuencia empezarás a notar como cada vez te serán más familiares, hasta que se conviertan en parte de ti.

Entre más frecuentemente las repitas, más rápido y seguro será el proceso.

Estas afirmaciones te pueden servir para sanar miedos e inseguridades y adquirir la fortaleza y la decisión que necesitas para tomar las riendas de tu vida.

Es un privilegio para mí compartir este trabajo. Agradezco tu interés y te felicito por emprender este viaje de desarrollo personal.

PRIMERA PARTE

CONÓCETE MEJOR A TRAVÉS DE LOS TEMPERAMENTOS

En esta primera parte te quiero presentar ejercicios para conocer mejor tu temperamento y complementar el libro *Conocer tu temperamento mejora tus relaciones.* Lo primero que te sugiero es que contestes el test de temperamentos que presento en las páginas 4 a 7.

TEST DE TEMPERAMENTOS

Recomendación importante:
Responde el test de temperamentos que aparece en las páginas 4-7 antes de continuar con la lectura.

Este test sive para ayudarte a encontrar tu temperamento primario y secundario. Para que el resultado sea objetivo recomiendo que lo contestes antes de continuar con la lectura del libro.

El test consta de cuatro páginas, de las cuales deberás escoger un total de 20 atributos que consideres te definen mejor. Eso significa, por ejemplo, que quizá de la primera página escojas 6, de la segunda 8, de la tercera 4 y de la cuarta, sólo 2. Después se multiplica por 5 el número total de atributos elegidos por página. El resultado representa el porcentaje de cada temperamento en tu persona; en el ejemplo que dimos, será 30% de la primera página, 40% de la segunda, 20% en la tercera y 10% en la última. Si marcaste 20 atributos, el total sumará 100%.

Es muy importante que elijas los atributos que creas te describen mejor, y no las cualidades que desearías tener. ¿Por qué hago esta aclaración? Porque al realizar este test con familiares, me sorprendió la renuencia de algunos para aceptarse como "mandones, vanidosos o superficiales", a pesar de la insistencia en ello por sus allegados. En otro grupo, una mujer rehusaba llamarse "intolerante" aunque su mejor amiga se lo hacía notar. Esto ocurre porque a veces nos resistimos a aceptar nuestros defectos, aunque para los demás sean más que evidentes. Algunos defectos nos incomodan o nos avergüenzan a tal grado que nos enoja que otros se atrevan a insinuarlos.

Quizás sería bueno recordar que el primer paso para cambiar aquello que no nos gusta de nuestra persona es reconocerlo. No es posible transformar lo que aún no vemos. Así que recuerda: entre más honestas sean tus respuestas, más acertados serán los resultados y el test tendrá entonces mayor utilidad.

TEST DE TEMPERAMENTOS

Entre estas páginas deberás elegir las 20 características
que mejor te describan.

Con frecuencia soy:

O Inquieto/nervioso	O Alegre
O Sociable	O Inconstante
O Disperso/distraído	O Vanidoso
O Divertido/simpático	O Poca atención
O Parlanchín/chismoso	O Superficial
O Despilfarrado	O No termino
O Adaptable	O Exhibicionista
O Olvidadizo	O Optimista
O Oportunista	O Cuido mi imagen
O Cambiante/flexible	O Muchos intereses
O Imprudente	O Temo envejecer
O Juvenil	O Fiestero

Total= _____

Suma las marcas que hiciste en esta página y multiplica ese número por 5	× 5=	%

(Éste es el porcentaje que tienes
de este temperamento)

TEMPERAMENTO*: _____

*Más adelante podrás identificar este temperamento.

TEST DE TEMPERAMENTOS

Con frecuencia soy:

O Decidido	O Brusco/agresivo
O Enfocado	O Líder
O Apasionado	O Mandón
O Intolerante	O Dominante
O Eficiente/rápido	O Valiente/audaz
O Impaciente	O Arrogante
O Comprometido	O Impositivo
O Enojón/explosivo	O Pienso y actúo
O Visionario	O Violento
O Exigente	O Enfrento conflictos
O Tenaz/necio	O Controlador
O Insensible	O Hablo directo

Total= _____

Suma las marcas que hiciste en esta página y multiplica ese número por 5	× 5=	_____ %

(Éste es el porcentaje que tienes
de este temperamento)

TEMPERAMENTO*: _____

*Más adelante podrás identificar este temperamento.

TEST DE TEMPERAMENTOS

Con frecuencia soy:

O Indeciso	O Me victimizo
O Reflexivo/profundo	O Rencoroso
O Depresivo	O Manipulador
O Detallista	O Romántico
O Servicial	O Frágil/delicado
O Quejumbroso	O Buena memoria
O Tímido	O Dependiente
O Vivo en el pasado	O Preocupón
O Soñador/imaginativo	O Miedoso
O Cargo culpas	O Hablo con rodeos
O Sensible	O Pesimista
O Resentido	O Pienso y no actúo

Total= _____

Suma las marcas que hiciste en esta página y multiplica ese número por 5	× 5=	%

(Éste es el porcentaje que tienes
de este temperamento)

TEMPERAMENTO*: _____

*Más adelante podrás identificar este temperamento.

Test de temperamentos

Con frecuencia soy:

O Meticuloso	O Previsor
O Ordenado	O Fachoso
O Sedentario	O Lento/sin prisa
O Callado	O Solitario
O Observador	O Inseguro
O Rutinario	O Dormilón
O Precavido	O Tranquilo/calmado
O Hablo despacio	O Sin iniciativa
O Comelón	O Comodín
O Leal	O Ahorrador
O Paciente	O Flojo
O Apático	O Objetivo/imparcial

Total= _____

Suma las marcas que hiciste en esta página y multiplica ese número por 5	× 5=	%

(Éste es el porcentaje que tienes de este temperamento)

Temperamento*: _____

*Más adelante podrás identificar este temperamento.

MIS TEMPERAMENTOS DOMINANTES

Si comparamos nuestra mochila nos daremos cuenta que hay personas con las cuales compartimos muchos elementos, mientras que con otras, muy pocos. Eso va a depender de si tenemos o no un temperamento parecido. Tener el mismo temperamento no quiere decir que somos iguales, pero sí que tenemos las mismas tendencias. Si soy, por ejemplo, sanguínea, compartiré con otros sanguíneos muchas cosas, entre ellos mi gusto por ser sociable y amigable.

Como posiblemente imaginaste, cada página del test corresponde a un temperamento:

> Página 4: sanguíneo
> Página 5: colérico
> Página 6: melancólico
> Página 7: flemático

Puedes ahora anotarlos al pie de cada página del test.

¿Te identificas con ellos? Como el test es subjetivo, si no estás de acuerdo con el resultado, consúltalo con alguien que te conozca bien, puede ser tu pareja, un familiar o un amigo íntimo. Escucha con atención sus comentarios, no los descartes simplemente porque no te gustan o te incomodan.

En mis talleres de temperamentos me sorprende que algunas personas tengan una imagen de sí mismas muy distinta a como otras las perciben. Espero que al trabajar con los ejercicios de este libro puedas conocerte mejor y aceptarte con tus tendencias tanto positivas como negativas. Recuerda que nadie se salva de tener ambas. Por más que queramos encubrir las partes limitantes, no dejarán de saltar a la vista de los demás. Pero cuando las reconocemos, damos el primer paso para poder transformarlas. Estas debilidades siempre existirán potencialmente en nosotros, pero podemos mantenerlas a raya.

Colorea tus temperamentos dominantes de acuerdo con el resultado del test.

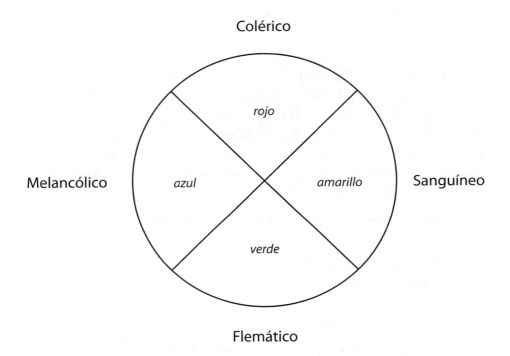

Recuerda:

- No existen los temperamentos puros, tenemos de los cuatro pero en diferentes proporciones.

- No hay un temperamento mejor que el otro, todos tienen sus fortalezas y sus debilidades.

- Conocer los temperamentos nos ayuda a ser más pacientes, tolerantes y comprensivos.

Lo que aprendo de los demás temperamentos

¿Qué puedo aprender de los otros temperamentos?

La vida es rica e interesante gracias a que estamos rodeados de personas de distintos temperamentos. Si aprendemos a observar estas diferencias podemos aprender de ellas.

De los dos temperamentos que coloreaste, elije uno para este siguiente ejercicio. Imagínate que eres 100% del temperamento que has elegido.

➡ Ejercicio

Marca con un círculo tu temperamento dominante: sanguíneo, melancólico, colérico, flemático.

Ahora mira a tu alrededor y escoge a tres personas de temperamentos distintos al tuyo. Por ejemplo, si marcaste el sanguíneo como tu temperamento dominante, elige a tres personas de temperamentos melancólico, colérico y flemático.

Anota con detalle tres cosas que puedes aprender de cada una de ellas.

Nombre _____

Temperamento _____

De ti puedo aprender a ser:

1. _____

_____

_____

2. _____

_____

_____

3. _____

_____

_____

Nombre _____

Temperamento _____

De ti puedo aprender a ser:

1. _____

_____

_____

2. _____

_____

_____

3. _____

_____

_____

Nombre _____

Temperamento _____

De ti puedo aprender a ser:

1. _____

_____

_____

2. _____

_____

3. _____

_____

_____

Objetivo del ejercicio

Hacernos conscientes de que depende de nosotros el aprender de las personas con las que convivimos.

El rodearnos de personas distintas a nosotros nos enriquece y nos da la posibilidad de crecer interiormente.

LAS CUALIDADES QUE DESEO DESARROLLAR

Los temperamentos marcan nuestras tendencias, pero de ninguna manera nos limitan. Podemos elegir desarrollar cualquier cualidad que deseemos sin importar si forma parte o no de nuestros temperamentos dominantes, ya que tenemos los cuatro temperamentos en potencia.

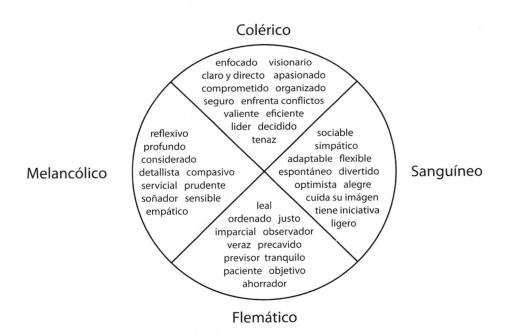

➡️ Ejercicio

Marca con color dos o tres cualidades que te gustaría desarrollar, aunque no sean de tus temperamentos dominantes.

Copia en varios papeles las cualidades en que deseas enfocarte las siguientes semanas, pero redáctalas en presente. Por ejemplo, si escogiste ser servicial y paciente, anota:

Yo soy servicial y paciente

Pon los papeles en lugares estratégicos que estén a la vista.
Anota tus propósitos a continuación, y revisa tus avances.

Fecha _____

Me gustaría ser _____

_____

_____

Fecha _____

Me gustaría ser _____

_____

_____

Fecha _____

Me gustaría ser _____

_____

_____

Fecha _____

Me gustaría ser _____

_____

_____

➡ Ejercicio: Transformando mi imagen interna

La imaginación es como un anzuelo que lanzamos al futuro para atraer lo que deseamos al presente.

Pon música que te guste.

Cierra los ojos y deja volar tu imaginación. Imagínate con todas las cualidades que marcaste y que quisieras tener. Obsérvate en diferentes situaciones actuando con confianza y seguridad. Siéntete feliz de tener todo lo que anhelas.

Repite este ejercicio lo más frecuentemente que puedas. Esto te ayudará a que vayas transformando la imagen interna que tienes de ti mismo.

Cuando cambias la imagen interna de ti mismo, tu realidad se empata con ella.

Secuencia de afirmaciones

Repite varias veces la siguiente secuencia:

Yo tengo la capacidad de desarrollar cualquier cualidad que deseo.
Yo tengo la intención, el empeño y la fuerza para hacerlo.
Yo elijo crecer trascendiendo mis limitaciones.
Yo elijo evolucionar de manera consciente.

Paradoja

Vivimos en un mundo de dualidad y de paradojas. Por un lado, tenemos que aceptarnos tal y como somos en un momento dado, pero por otro, aspiramos a crecer y a ser más, a continuar evolucionando de manera consciente.

Afirmaciones

Me acepto y me amo a mí misma al mismo tiempo que elijo crecer y ser más.

Yo alimento con mi atención lo positivo en mi vida.
Yo tengo la fuerza para transformar lo que no me gusta de mi vida.
Yo elijo crearme una realidad maravillosa.
Yo elijo ser feliz.

Anota las afirmaciones con que vas a trabajar. Escoge una de las anteriores o crea la tuya propia.

MIS RELACIONES SON MI ESPEJO

Las personas que me rodean están constantemente siendo como espejos que reflejan partes mías. A veces me reflejan mis defectos, otras veces mis cualidades y en muchas ocasiones son partes que aún no reconozco.

➡ Ejercicio

1. Escoge a una persona con la que chocas, tienes dificultades o conflictos. Escribe con lujo de detalles lo que te molesta de ella y por qué la criticas. No juzgues lo que escribes ni lo censures.

   Después anota una cualidad que le reconoces, algo que tiene positivo.

Nombre _____

Lo que no soporto de él o ella es que _____
_____
_____
_____
_____
_____

Algo que sí me gusta de él o ella es que _____
_____
_____
_____
_____
_____

2. Ahora elige a otra persona a la que quieres o admiras, y escribe todo lo que te gusta y aprecias de él o ella.

Después anota una de sus limitaciones.

Nombre _____

Lo que me encanta de él o ella _____

_____

_____

_____

_____

Algo que no me gusta de él o ella es que _____

_____

_____

_____

_____

3. Ahora regresa y marca con círculo aquellas cosas que más te molestan de las dos personas.

Cuando algo te irrita mucho en otra persona, es porque está siendo tu espejo. Es decir, está reflejándote un defecto que tú también tienes, pero que aún no reconoces. Si odias la vanidad de tu madre, es porque probablemente tú también eres muy vanidosa. Si no, quizás no te gustaría, pero no la detestarías.

4. Revisa lo que has marcado y pregúntate: ¿tengo esos mismos defectos? ¿Estás encontrando algunas sorpresas?

5. Ahora regresa y marca las cualidades con las que te identificas. ¿Cuáles de estas fortalezas compartes?

6. En las siguientes dos listas anota tanto las limitaciones como las fortalezas con las que te has identificado:

Mis limitaciones	Mis fortalezas
_____	_____
_____	_____
_____	_____
_____	_____
_____	_____
_____	_____
_____	_____
_____	_____
_____	_____
_____	_____
_____	_____
_____	_____
_____	_____
_____	_____

Completa las listas, hasta que sientas que son representativas de la imagen que tienes de ti mismo. Puedes apoyarte en el test que respondiste al inicio de este cuaderno.

7. *¿Con cuál de las dos listas te identificas más?* Ambas son partes tuyas. A veces aceptamos con más facilidad nuestras limitaciones que nuestras fortalezas. Nos han educado equivocadamente a negar nuestras cualidades, so pena de volvernos arrogantes o engreídos. No es de sorprendernos, por lo tanto, que tengamos dificultades para apreciarnos a nosotros mismos.

Sólo cuando nos conocemos y nos aceptamos de manera íntegra, con nuestras cualidades y nuestras limitaciones, realmente podemos empezar a apreciarnos.

Nuestro trabajo como seres humanos es acercarnos al amor incondicional, y el primer paso es aceptarnos, tal y como somos.

*Este ejercicio lo podrás repetir en las siguientes hojas.

Afirmación

Yo elijo ser tolerante con esa parte de mí que veo reflejada en ti (Torah, *Sincronía en tu vida. La sabiduría de un ser de luz*, p. 28, Editorial Pax México, 2005).

Anota las afirmaciones con las que vas a trabajar. Escoge una, la anterior o crea la tuya propia.

_____

_____

_____

_____

_____

Los actores del drama de mi vida

Una manera de empezar a tomar la responsabilidad de tu vida es a través de imaginarla como una representación, de la que tú has escrito el guión y has elegido a los actores. A cada uno de ellos le has asignado el papel que deseas que represente. Esta obra tiene de todo: partes dramáticas, partes trágicas, partes aburridas y también partes muy cómicas.

➡ Ejercicio: Las actrices y los actores de mi vida

A través de este ejercicio te invito a revisar a este grupo de actrices y actores que has elegido. Te ayudará a revisar qué creencias negativas tienes sobre las mujeres y sobre los hombres en general, para transformarlas y cambiar tus relaciones.

Grupo 1. *Este grupo está compuesto de aquellas mujeres y hombres de los cuales has aprendido lecciones dolorosas.* Son los actores y las actrices que te han maltratado, manipulado, traicionado, humillado, ofendido y menospreciado. Gracias a ellos has entrado en contacto con tus emociones constrictivas: miedo, enojo, culpa, resentimiento, venganza, rabia, celos, envidia.

A continuación te presento un ejemplo:

Ejemplo   Ejemplo

1. Hombre   1. Mujer

Nombre _____ *Mi abuelo* _____   Nombre _____ *Mi madre* _____

Características: Características:

_____ *Abusivo, gritón, enojón,* _____   _____ *Sometida, débil, resentida,* _____

_____ *controlador* _____   _____ *manipuladora* _____

Creencia negativa:

Los hombres son abusivos

y controladores.

Creencia negativa:

Las mujeres se someten

y manipulan.

Desafortunadamente estas experiencias son las que muchas veces nos marcan e influyen en la manera en cómo nos relacionamos después con los demás, pues llegamos a conclusiones que se convierten en creencias negativas. Por ejemplo, si yo creo que las mujeres son manipuladoras y sumisas, voy a atraer a este tipo de mujer para que empate con mi creencia. Si pienso que los hombres son abusivos y controladores, no debe sorprenderme que los hombres con los que me relaciono en mi vida tengan estas características.

A continuación anota el nombre de las actrices y los actores que han tenido influencia aparentemente negativa en tu vida.

1. Hombres

Nombre_____

Características:_____

_____

_____

_____

Nombre_____

Características:_____

_____

_____

Nombre_____

Características:_____

_____

_____

1. Mujeres

Nombre_____

Características:_____

_____

_____

_____

Nombre_____

Características:_____

_____

_____

Nombre_____

Características:_____

_____

_____

Nombre_____

Características:_____

_____

_____

_____

Nombre_____

Características:_____

_____

_____

_____

Nombre_____

Características:_____

_____

_____

_____

Nombre_____

Características:_____

_____

_____

_____

¿Qué tienen en común estos hombres?

Marca las características que se repiten.

¿Qué creencias has derivado de ellos?

Creencias negativas sobre los hombres

¿Qué tienen en común estas mujeres?

Marca las características que se repiten.

¿Qué creencias has derivado de ellas?

Creencias negativas sobre las mujeres

Grupo 2. *Ahora revisa a aquellas mujeres y aquellos hombres que han sido una influencia positiva en tu vida:* que te han inspirado, alentado, animado, valorado. A ellos les agradeces tus sentimientos expansivos de amor, alegría, ternura, compasión, inspiración, aprecio, entusiasmo, pasión, optimismo.

De ellos puedes concluir pensamientos que se pueden convertir en creencias positivas.

2. Hombres

Nombre _____

Características: _____

_____

_____

_____

Nombre _____

Características: _____

_____

_____

_____

Nombre _____

Características: _____

_____

_____

_____

Nombre _____

Características: _____

_____

_____

_____

Nombre _____

Características: _____

_____

_____

_____

¿Qué tienen en común estos hombres?

2. Mujeres

Nombre _____

Características: _____

_____

_____

_____

Nombre _____

Características: _____

_____

_____

_____

Nombre _____

Características: _____

_____

_____

_____

Nombre _____

Características: _____

_____

_____

_____

Nombre _____

Características: _____

_____

_____

_____

¿Qué tienen en común estas mujeres?

Marca las características que se repiten.

¿Qué creencias has derivado de ellos?

Marca las características que se repiten.

¿Qué creencias has derivado de ellas?

Creencias positivas sobre los hombres

Creencias positivas sobre las mujeres

_____

_____

_____

_____

_____

_____

Conclusión

Date cuenta que ambos grupos, tanto el positivo como el negativo, han jugado un papel muy importante en tu vida. Gracias a ellos has tenido la posibilidad de aprender y crecer. Tú has escogido cuidadosamente la parte que le corresponde a cada uno en esta representación, y ellos han respondido con su mejor actuación.

➡ **Ejercicio para cambiar tus creencias negativas por positivas**

Antes de iniciar este ejercicio:

Anota en un papel la creencia negativa que quieres cambiar. En otro papel escribe la positiva por la que deseas sustituirla. Trata de que la redacción de ambas sea parecida porque será más fácil para tu subconsciente cambiarla.

Cuando cambies una creencia, es más fácil para tu subconsciente si las frases se parecen.

Por ejemplo:

Creencia negativa
Todo me sale mal.

Creencia positiva
Muchas cosas me salen bien.

No cambies "Todo me sale mal" por "Todo siempre me sale bien", primero que nada porque no te la vas a creer, pero además porque es importante reconocer que siempre vas a cometer errores como parte importante de tu aprendizaje.

Otros ejemplos:

Creencia negativa	*Creencia positiva*
Yo soy desafortunado en el amor.	Yo soy afortunado en el amor.
Yo aprendo por las malas.	Yo aprendo por las buenas.
Me es difícil pedir lo que necesito en la vida.	Yo pido lo que necesito en la vida.

➡ Ejercicio

Cierra los ojos e imagínate que estás en un lugar muy bello, puede ser un bosque, una playa, junto a un lago o un río. Siéntete seguro y tranquilo.

Ahora toma un camino que desciende, cruza por un bosque y continúa descendiendo hasta que te encuentres frente a una casa que tiene el letrero "Subconsciente". Toca la puerta y espera a que te abran. La persona que te recibe es muy amable. Explícale que has venido a cambiar tus creencias equivocadas.

Cuando entras a la casa te das cuenta que es muy grande y está llena de escritos por todas partes, es la biblioteca que guarda todos los pensamientos que has tenido en tu vida. Puedes imaginártelo también como un cuarto de cómputo. Tu anfitrión te conduce atravesando por muchos cuartos hasta que llegan a uno al fondo titulado "Mis creencias". Tu anfitrión te abre la puerta y se despide.

En el centro del cuarto te encuentras una mesa con un libro enorme abierto, al lado hay una pluma y un plumón rojo. Al fondo una chimenea encendida. Te acercas al libro y te das cuenta que está abierto en la página que tiene escrita tu creencia negativa.

Toma el plumón rojo y escribe "NO" sobre la creencia, ahora táchala.

Arranca la hoja, rómpela en pedacitos y échalos a la lumbre de la chimenea.

Ahora toma la pluma y en la hoja en blanco escribe tu creencia positiva.

Sal del cuarto, despídete de tu anfitrión y regresa por el camino hasta llegar a tu lugar seguro.

Abre los ojos, rompe en pedacitos el papel con la creencia negativa y tíralo a la basura, al inodoro o quémala.

Copia y repite la creencia positiva en varios papeles y colócalos en distintos lugares de tu casa. Cada vez que los veas, repítela en voz alta o mentalmente.

Este ejercicio lo puedes hacer cada vez que quieras cambiar alguna creencia equivocada.

🢂 Ejercicio: Escribiendo los próximos capítulos de mi vida

Si yo soy el autor de esta representación que es mi vida, si yo soy responsable de la realidad que me estoy creando, quiere decir que puedo de manera consciente redactar los siguientes capítulos. Es decir, puedo elegir lo que quiero para mi futuro.

Pon música que te haga sentir feliz.

Cierra los ojos y deja volar tu imaginación. Imagina todo lo que quieres para tu vida. Entra en contacto con tus emociones y siente la alegría y la felicidad te tener todo eso que deseas. Imagínate con toda la abundancia que deseas: abundancia de amor, de alegría, de dinero.

Siéntete feliz de existir.

Anota lo que visualizaste.

_____

_____

_____

_____

_____

_____

Confía en que puedes continuar escribiendo los siguientes maravillosos capítulos de tu vida.

Que tú tienes el poder para elegir de manera consciente todo lo bueno que deseas para ti y para aquellos que amas.

Segunda parte

¡Fuera de mi mochila! Cómo soltar lo que limita mi crecimiento personal

Ya es tiempo de que tomes la responsabilidad de tu vida en tus manos. Te quejas de tus desavenencias y limitaciones pero no te das cuenta que eres tú mismo el que te estás creando esa realidad día a día con tus actitudes, elecciones, pensamientos y creencias. Eres tú el que te limitas a ti mismo; entonces, ¿por qué seguir culpando a otros por algo que sólo a ti te atañe?

Si deseas mejorar tu realidad y que sea abundante en todos los sentidos: en alegría, en amor y financieramente, necesitas conocer a fondo todo aquello que lo obstaculiza: el control, el miedo, la preocupación, la autolástima, el perfeccionismo, la dependencia y la autoimportancia. Te incito a reconocer y mantener a raya todas esas tendencias que hasta el momento te han impedido vivir de una manera plena.

En la primera parte de este libro conociste aquellas tendencias que se relacionan con tu temperamento. Te recuerdo que no se trata de erradicarlas, pues siempre estarán dentro de ti en forma latente, son lo que llamas "tus debilidades", pero sí puedes familiarizarte con ellas lo suficientemente para darte cuenta cuando empiezan a tomar fuerza y a entrometerse en tu vida, acabando con tu entusiasmo, tu pasión y tu alegría de vivir.

La lista de ejercicios que te presento no es de ninguna forma exhaustiva, pero sí un excelente inicio para que te conozcas mejor. No hay un orden para trabajar los temas ni los ejercicios, sólo guíate por tu intuición. Comienza por aquellos que te llamen la atención y te parezcan más atractivos. Pero si sientes antipatía o desinterés por algún tema, también tómalo en cuenta. En mi experiencia personal he descubierto que muchas ocasiones aquello que en un momento dado pienso que ya lo tengo "superado" o que no me atañe, en realidad sólo es la resistencia a ver de cerca algo que es importante para mi desarrollo.

Te invito a revisar tu mochila y conocer todos los elementos onerosos que hacen tu camino tedioso, y en algunos casos, hasta doloroso. Si bien no puedes eliminarlos, de ser piedras pesadas puedes convertirlas en piedrecillas que ocupen poco espacio. Así mantendrás a raya todo lo que te impide gozar de la vida.

CONTROL

Cuando alguien trata de manipular a otros o las circunstancias para que se comporten como desea, está siendo un controlador. Aunque los controladores se muestren fuertes y dominantes, interiormente son inseguros y temerosos. Su necesidad de controlar surge de su desconfianza hacia la vida, pues odian la incertidumbre y el caos, y temen lo que puede ocurrir si sueltan el control. No quieren perder el amor y la lealtad de los demás, y piensan que si los controlan, se pueden asegurar de que todo marchará como ellos desean.

Preguntas para reflexionar

	F	A	C
1. ¿Tomo decisiones por mis hijos sin tomar en cuenta sus deseos?	☐	☐	☐
2. ¿Cuido mucho mi reputación?	☐	☐	☐
3. ¿Pienso que sé lo que le conviene a los demás?	☐	☐	☐
4. ¿Me gusta exhibir mi fuerza o mi inteligencia para impresionar?	☐	☐	☐
5. ¿Tengo dificultad para mostrarme vulnerable o débil?	☐	☐	☐
6. ¿Soy desconfiado?	☐	☐	☐
7. ¿Me gusta "ocupar mucho espacio"?	☐	☐	☐
8. ¿Me gusta que dependan de mí?	☐	☐	☐
9. ¿Cargo con las responsabilidades de los demás?	☐	☐	☐
10. ¿Me siento responsable de la felicidad de los demás?	☐	☐	☐
11. ¿Me es difícil pedir ayuda?	☐	☐	☐
12. ¿Vigilo lo que hacen los demás para asegurarme de que lo hacen bien?	☐	☐	☐
13. ¿Es importante que mis hijos me obedezcan en todo momento?	☐	☐	☐
14. ¿Dudo que mis hijos puedan salir adelante sin mí?	☐	☐	☐
15. ¿Me gusta mandar?	☐	☐	☐
16. ¿Me molesta que no tomen en cuenta mi opinión?	☐	☐	☐
17. ¿A fuerzas tengo que tener la razón?	☐	☐	☐

Frecuentemente, **A** veces, **C**asi nunca

El controlador se niega a fluir con la vida y se impone una tarea imposible: la de querer "tener todos los hilos en la mano". En su afán de insistir en que él sabe lo que más les conviene a los demás, y por lo tanto, deben obedecerlo, los somete y los asfixia.

El primer paso para dejar de controlar es observarte a ti mismo para saber cómo es que controlas y por qué lo haces. Cuando esto lo tengas claro, podrás dar el siguiente paso para empezar a soltar.

Controlo por medio de:

- Amenazar, me tienen miedo ("Ya sabes lo que te va a pasar si no obedeces.")
- Chantajear ("Si haces lo que te pido, te compro lo que quieres.")
- Hacer sentir culpable ("Por no hacerme caso, mira lo que ocasionaste.")
- Castigar (No te hablo, no te doy dinero, no te apoyo, no te doy permiso, etcétera.)
- Otros _____

Amenazar, chantajear, culpabilizar y castigar son maneras irrespetuosas de obtener lo que queremos de los demás. Pregúntate,

¿Me agrada no ser tomado en cuenta?
¿Me gusta someterme?
¿Me siento bien cuando se aprovechan de mí?
¿Me gusta que me amenacen, chantajeen, culpabilicen o castiguen?

Si tu respuesta es no, entonces, ¿por qué lo haces a los demás?

¿Por qué quiero controlar a los demás?

Marca tus razones para controlar.

- ❏ Para asegurarme que cumplan con sus responsabilidades.
- ❏ Para que se porten bien, y no me avergüencen.
- ❏ Para que caigan bien y sean aceptados socialmente.
- ❏ Para asegurarme de que no me abandonarán.
- ❏ Para que nada malo les pase.
- ❏ Para asegurarme de que toman las decisiones correctas.
- ❏ Para que les vaya bien en la vida.
- ❏ Para asegurarme su cariño.

❑ Para que no corran riesgos innecesarios.
❑ Para que hagan lo que yo quiero.
❑ Para asegurarme su fidelidad.
❑ Para mostrar mi fuerza.
❑ Para que no me lastimen.
❑ Para que hagan las cosas a mi manera.
❑ Para sentirme seguro.
❑ Para que yo tome todas las decisiones.

❑ Otros _____

¿A quiénes controlo?

Controlo a _____

Para qué _____

_____

Controlo a _____

Para qué _____

_____

Controlo a _____

Para qué _____

_____

Controlo a _____

Para qué _____

_____

Controlo a _____

Para qué _____

_____

Controlo a _____

Para qué _____

_____

Antídoto

Tienes que cultivar tu seguridad interna para dejar de depender de otros y apoyarte en ti mismo. Desarrolla tu autoestima reconociendo tus dones y tus fortalezas, y aceptando tus limitaciones. En la medida en que empieces a apreciarte y confiar en ti mismo, comenzarás también a confiar en otros. Al dejar de controlarlos, los pondrás en libertad para ser ellos mismos y tomar las riendas de su vida. Entonces, tú también te estarás liberando, al soltar las responsabilidades que no te corresponden. ¡Te estarás quitando un gran peso de encima!

Confiar en ti mismo no quiere decir que tengas que ser perfecto ni que no te puedas equivocar, sino que reconoces que tienes en ti todo el potencial para salir adelante. Que tienes la capacidad para resolver las dificultades que la vida te vaya presentando.

Entre más confianza desarrolles en ti mismo, más fácil será tu vida, porque dejarás de necesitar que otros te apoyen, te aplaudan o te validen. Tú podrás darte lo que te hace falta y verás tus errores como medios de aprendizaje.

Secuencia de afirmaciones

Repítela varias veces.

> Yo te libero de tratar de complacerme.
> Yo te libero de tener que obedecerme.
>
> No necesito controlarte para sentirme seguro.
> Yo encuentro mi seguridad en mí mismo.
>
> Tú eres responsable de tu vida.
> Yo soy responsable de la mía.
>
> Yo te respeto y te valoro y te dejo en libertad.
> Al liberarte tú, me libero yo.
>
> Yo me respeto y me valoro.
> Me aprecio y me amo.

PERFECCIONISMO

La perfección no puede existir en un mundo cambiante y en constante evolución. Se convierte en un espejismo que jamás podremos alcanzar. Por eso el perfeccionista vive infeliz tratando de lograr un imposible. Tiene la sensación de que, a pesar de haber hecho su mejor esfuerzo, ha fallado, y esto afecta su autoestima.

Preguntas para reflexionar

	F	A	C
1. ¿Me cuesta terminar algo por que le sigo encontrando fallas?	☐	☐	☐
2. ¿Me siento insatisfecho cuando termino algo?	☐	☐	☐
3. ¿Pienso que podría haber quedado mejor?	☐	☐	☐
4. ¿Mi atención está en los errores, más que en los aciertos?	☐	☐	☐
5. ¿Me es difícil recibir reconocimiento por mi trabajo?	☐	☐	☐
6. ¿Dudo de su sinceridad?	☐	☐	☐
7. ¿No delego porque nadie hace las cosas tan bien como yo?	☐	☐	☐
8. ¿Trato de ser perfecto en todos los aspectos de mi vida?	☐	☐	☐
9. ¿Me esfuerzo por tapar las equivocaciones de mis hijos?	☐	☐	☐
10. ¿Quiero tener una imagen ante los demás de perfección?	☐	☐	☐
11. ¿Trato de ocultar mis errores?	☐	☐	☐
12. ¿Digo con orgullo que soy perfeccionista?	☐	☐	☐
13. ¿Me cuesta trabajo mostrar mi debilidad o mi vulnerabilidad?	☐	☐	☐
14. ¿Pienso que si realmente me conocieran dejarían de quererme?	☐	☐	☐
15. ¿Me avergüenzo de mis equivocaciones?	☐	☐	☐

Frecuentemente, **A** veces, **C**asi nunca

Hay personas que se consideran con orgullo perfeccionistas. Equivocadamente piensan que se trata de una cualidad, cuando en realidad, es una limitación. No es lo mismo tratar de lograr la excelencia, que el querer ser perfectos. El primero se siente satisfecho por haber hecho su mejor esfuerzo independientemente del resultado, mientras que para el segundo, el resultado lo es todo. Y como se propone una meta inalcanzable, siempre queda descontento. Busca a través de su perfeccionismo ser aceptado y ser querido, y teme perder el respeto y la admiración de los demás si descubren sus fallas. Por eso no acepta sus errores y trata a toda costa de negarlos, taparlos o ignorarlos. A través de cuidar su imagen de perfección está queriendo tapar viejas heridas de humillación y vergüenza.

El perfeccionista paga un precio muy alto, pues exige demasiado de sí mismo, y en consecuencia, también de los demás. Pero la mayor injusticia estriba en que condiciona el amor a sí mismo en aras de algo imposible de alcanzar.

Antídoto

- El primer paso para combatir la enfermedad del perfeccionismo, es conocer tus fortalezas y tus limitaciones y empezar a aceptarte tal y como eres (revisa la lista de "Mis relaciones son mi espejo"). Tienes que reconocer que como ser en constante evolución, jamás serás perfecto, y que la vida siempre te seguirá proporcionando oportunidades para crecer. Que en este proceso, las equivocaciones son medios de aprendizaje y no motivos de humillación o de vergüenza.
- Acepta tus errores. Repítete a ti mismo: "Lo que hice estuvo equivocado, pero yo no soy una equivocación."
- Trabaja tu control. El perfeccionista es un adicto del control (revisa "Control").

Al soltar el perfeccionismo estarás dando el primer paso para cultivar tu autoestima. Cuando te aceptas a ti mismo de manera integral, puedes ser también más tolerante y compasivo con los demás.

Afirmaciones

No tengo que ser perfecto. Yo me acepto y me quiero tal y como soy.

Yo abandono el perfeccionismo y opto por la excelencia.

No necesito ser perfecto para ser amado y respetado (*Sincronía en tu vida*, p. 196).

Yo soy digno de ser amado tal y como soy.

Yo soy amable y gentil conmigo mismo.

Yo soy tolerante y compasivo conmigo mismo y con los demás.

Me puedo equivocar sin que yo sea una equivocación.

Anota las afirmaciones con las que vas a trabajar. Escoge una de las anteriores o crea la tuya propia.

_____

_____

_____

_____

_____

Autolástima

La víctima sufre. Piensa que está en la vida para pasarla mal y que todas las desventuras le ocurren a ella. Se siente impotente y culpa a otros por sus infortunios pues se siente incapaz de cambiar su destino.

Preguntas para reflexionar

	F	A	C
1. ¿Pienso que tengo mala suerte?	☐	☐	☐
2. ¿Me gusta quejarme y que me tengan lástima?	☐	☐	☐
3. ¿Busco ayuda pero luego no hago lo que me sugieren?	☐	☐	☐
4. ¿Me siento triste y desesperanzado?	☐	☐	☐
5. ¿Me abruman mis problemas?	☐	☐	☐
6. ¿Culpo a los demás por mis desgracias?	☐	☐	☐
7. ¿Me siento incomprendido y criticado?	☐	☐	☐
8. ¿Siento que me menosprecian o rechazan?	☐	☐	☐
9. ¿Me siento inferior? ¿No me creo lo suficientemente bueno?	☐	☐	☐
10. ¿Me siento impotente para resolver mis problemas?	☐	☐	☐
11. ¿Pienso que todo lo malo siempre me ocurre a mí?	☐	☐	☐
12. ¿Disfruto la atención que recibo hablando de mis problemas?	☐	☐	☐
13. ¿Permito que otros abusen de mí?	☐	☐	☐
14. ¿No sé qué decir para defenderme?	☐	☐	☐
15. ¿Estoy resignado a una vida de sufrimiento?	☐	☐	☐
16. ¿Tiendo a culparme de todo?	☐	☐	☐
17. ¿Me siento raro cuando todo marcha bien en mi vida?	☐	☐	☐
18. ¿Me siento culpable cuando me divierto o la paso bien?	☐	☐	☐
19. ¿Pienso que no merezco sentir placer?	☐	☐	☐
20. ¿Soy adicto al sufrimiento?	☐	☐	☐
21. ¿Ninguna ayuda que me ofrecen realmente me sirve?	☐	☐	☐
22. ¿Vivo en el pasado, recordando mis sufrimientos?	☐	☐	☐
23. ¿Veo mi vida como una tragedia?	☐	☐	☐

Frecuentemente, **A** veces, **C**asi nunca

Todos, sin excepción, a veces nos sentimos víctimas y no nos damos cuenta. Hay tres preguntas que te puedes hacer cuando te estés sintiendo mal y quieras saber si es la víctima en ti la que te está hablando:

¿Me siento incomprendido?
¿Me siento menospreciado?
¿Siento autolástima? (Pienso ¡pobre de mí!)

Si la respuesta es sí, estás en la energía de la víctima. No pienses que porque estás justificado en sentirte así, entonces no eres víctima. Seguramente tienes razones para sentirte incomprendido y menospreciado, pero tú has creado o permitido esa situación. Tú, y nadie más que tú, eres responsable.

Ésta es la parte dolorosa que ninguna víctima quiere escuchar. Porque la víctima quiere seguir pensando que es inocente y no tiene nada que ver con lo que le está ocurriendo. Pero esa parte que nos quiere convencer de nuestra inocencia… ¡es la víctima!

Las situaciones que te creas de maltrato son resultado de tus propias creencias negativas. Recuerda que una creencia es sólo un pensamiento que te has repetido muchas veces. Entonces, si estás pensando que no vales, la ley de atracción te atrae situaciones en donde te menosprecian. Si te estás repitiendo que no mereces más que dolor y sufrimiento, eso es lo que atraes. La vida no juzga nuestros deseos, simplemente nos otorga lo que pedimos.

Algunas creencias negativas que alimentan a la víctima:

Todo lo malo me pasa a mí.
Nadie sufre como yo.
Nacemos para sufrir.
La vida es un valle de lágrimas.
Piensa mal y acertarás.

¿En qué pensamientos negativos te apoyas? Anótalos.

_____

_____

_____

_____

_____

Escúchate cuando hagas comentarios como:

> No falla, me tenía que pasar a mí.
> Nadie me quiere.
> ¡Cuando no!
> ¡Tenía que ser!
> ¡Me tenía que pasar a mí!

➡ Ejercicio

Escucha lo que dicen las personas que te rodean. Anota sus comentarios cuando se victimizan.

_____

_____

_____

_____

_____

Por otro lado, tendemos a repetir los comportamientos de los cuales obtenemos algo. La clave para saber por qué algunas personas quieren seguir siendo víctimas puede ser porque reciben algo importante a cambio de su sufrimiento.

¿Qué recibes cuando te quejas o sufres?

atención   cariño   apoyo   lástima   sentirte importante   controlar a los demás

otros_____

Antídoto

A continuación te ofrezco los 4 pasos para dejar de victimizarte:

1. Reconoce a la víctima
   Aprende a reconocer a la víctima en ti. Observa cómo aparece en los momentos que menos te esperas. Escucha su voz, es suave y lastimera.

   Memoriza la siguiente pregunta:

   ¿Me siento incomprendido, menospreciado o siento autolástima?

   Si la respuesta es sí, date cuenta que estás en la víctima.

2. Despide a la víctima
   Revisa tus pensamientos y si quieres engolosinarte un rato en la autolástima, hazlo pero de manera consciente. Después dite a ti mismo: "¡Basta, se acabó! Yo elijo dejar de ser víctima en este instante." Despide a la víctima y cambia tus pensamientos.

   También es muy importante que trabajes con tu *niño interior*. Tu niño se acostumbró a recibir atención cuando lloraba y se quejaba. Necesitas acercarte y ofrecerle la seguridad de que ahora tú como adulto, puedes cuidar y protegerlo. Así no tendrá que causar lástima para recibir la atención y el amor que necesita.

3. Asume tu responsabilidad
   Cuando permites que tu *niño interior* interfiera en tu vida de adulto, entonces no te puedes responsabilizar. Es el adulto el que toma la responsabilidad. Ubica a tu niño en su lugar y toma tu responsabilidad como adulto.

   Recuerda que tú te estás creando tu realidad. Nadie más que tú. Los demás son actores que has elegido para escenificar el drama de tu vida.

4. Cambia
   ¿Quieres cambiar esos libretos? ¿Quieres dejar de sufrir? Revisa tus creencias negativas. Como quien deshierba para dejar que las plantas crezcan sanas, tienes que eliminar tus pensamientos limitantes y apoyarte en aquellos que te fortalezcan y te den seguridad.

   Elije dejar de ser víctima para abrirte a la alegría y el gusto por vivir.

Afirmaciones

Yo puedo cambiar lo que no me gusta de mi realidad.

Yo tengo la fuerza para enfrentar cualquier situación adversa.

Yo tengo dignidad y merezco ser respetado.

Yo elijo crearme una realidad hermosa.

Yo elijo tener alegría y felicidad.

Anota las afirmaciones con las que vas a trabajar. Escoge una de las anteriores o crea la tuya propia.

_____

_____

_____

_____

Preocupación

Cuando estamos preocupados nos sentimos mal. Entramos en un círculo vicioso: entre más preocupados estamos, menos podemos resolver lo que nos aqueja; y entre menos solucionamos, más nos preocupamos. ¿Cómo podemos acabar con ese círculo vicioso?

Preguntas para reflexionar

	F	A	C
1. Cuando tengo un problema ¿tiendo a preocuparme?	☐	☐	☐
2. ¿Agobio a los demás con mis preocupaciones?	☐	☐	☐
3. ¿No puedo evitar preocuparme por cosas que "pudieran" suceder?	☐	☐	☐
4. ¿Mis preocupaciones tienen poca relación con la realidad?	☐	☐	☐
5. ¿Disfruto de películas que me inquietan o atemorizan?	☐	☐	☐
6. ¿Imagino tragedias y sufrimientos?	☐	☐	☐
7. ¿No me pierdo un noticiario fatalista?	☐	☐	☐
8. ¿Me gusta comentar tragedias?	☐	☐	☐
9. ¿Me han dicho que soy una "aguafiestas"?	☐	☐	☐
10. ¿Soy pesimista?	☐	☐	☐

Frecuentemente, **A** veces, **C**asi nunca

Preocuparse es diferente a ser objetivo para revaluar y recapacitar. Tampoco es analizar y examinar para tratar de resolver (*Sincronía en tu vida*, p. 144).

La preocupación se alimenta de pensamientos negativos. Cuando estamos preocupados permitimos que esos pensamientos revoloteen libremente en nuestra mente, y en consecuencia, nos sentimos perturbados e incapaces de responder adecuadamente para remediar lo que nos aqueja. Entre más nos preocupamos, menos solucionamos.

Antídotos

- En vez de estar en tu cabeza haciéndole caso a tus pensamientos, contacta tus emociones. Encontrarás miedo. Cuando nos dedicamos a alimentar nuestras preocupaciones, en realidad estamos evadiendo nuestro miedo, y por eso nos quedamos ahí atorados. Hay que tomar al toro por los cuernos.

   Por desagradable que sea, siéntelo, confróntalo. Imagínate lo peor que te podría pasar. Siéntelo con intensidad y luego atraviésalo.

- Cuando tengas pensamientos fatalistas remplázalos por otros que te den alivio. No hagas un salto demasiado grande a pensamientos muy elevados porque no te los vas a creer. Encuentra simplemente algo que te haga sentir un poco mejor. Recuerda que tú eres dueño de tus pensamientos.

Ejemplo:

Pensamiento limitante:
Yo quiero vivir una vida saludable y larga, pero mis padres tienen muchas enfermedades que temo heredar. Siento miedo.

Después de sentir y atravesar mi miedo cambio mis pensamientos por éstos que me dan alivio:
Mis padres y yo vivimos vidas muy diferentes. Comemos diferente y pensamos diferente. Vemos la vida de maneras diferentes. No hay relación entre su salud y la mía (*The Amazing Power of Deliberate Intent,* Esther y Jerry Hicks, Hay House, EUA, 2006, p. 48).

Pensamiento limitante:
Hay tantas cosas que quisiera tener y no tengo. Estoy endeudado y nunca voy a poder pagar mis deudas. Me siento frustrado y enojado.

Después de sentir y soltar mi enojo cambio mis pensamientos por éstos que me dan alivio:
Tengo un techo sobre mi cabeza y comida en mi mesa. Tengo todo lo básico que necesito, y si me aplico puedo ir poco a poco pagando lo que debo. Tengo muchas cosas que agradecer a la vida.

- Date un momento para analizar, reevaluar y examinar lo que te preocupa. Redúcelo a preguntas y respuestas (*Sincronía en tu vida*, p. 144) Esto te centrará y dejarás de "pre-ocuparte" para "ocuparte".

¿Qué te preocupa en este momento?

Me preocupa que_____

_____

_____

_____

_____

Redúcelo a preguntas y respuestas (puedes completar en las hojas al final).

Ejemplo: ¿Qué está sucediendo? ¿Por qué? ¿Cuáles pueden ser las consecuencias? ¿Qué puedo hacer?

_____

_____

_____

_____

Afirmaciones

Yo tengo el valor para enfrentar mi miedo.
Yo elijo pensamientos que me hagan sentir bien.
Yo tengo dominio sobre mis pensamientos.
Yo tengo poder sobre mis pensamientos negativos.

Anota las afirmaciones con las que vas a trabajar. Escoge una de las anteriores o crea la tuya propia.

_____

_____

_____

_____

MIEDO AL MIEDO

El miedo tiene la función importante de protegernos. Es una señal de alerta que nos previene cuando corremos riesgo. Pero cuando dejamos que tome el control de nuestras vidas, se vuelve muy destructivo.

Preguntas para reflexionar

	F	A	C
1. ¿Vivo con miedo?	☐	☐	☐
2. ¿Imagino desastres, pienso en todo lo terrible que pudiera ocurrir?	☐	☐	☐
3. ¿Controlo a mis hijos a través de asustarlos?	☐	☐	☐
4. ¿Me invade la duda y soy indeciso?	☐	☐	☐
5. ¿Me concentro en noticias negativas?	☐	☐	☐
6. ¿Me recreo con películas de terror?	☐	☐	☐
7. ¿Soy desconfiado?	☐	☐	☐
8. ¿Pienso lo peor de las personas?	☐	☐	☐
9. ¿Soy aprensivo? ¿Tengo ansiedad?	☐	☐	☐
10. ¿Me sobresalto con facilidad?	☐	☐	☐
11. ¿Tiendo a preocuparme?	☐	☐	☐
12. ¿Me acobardo?	☐	☐	☐
13. ¿Tiendo a ser pesimista?	☐	☐	☐
14. ¿Tengo miedo a equivocarme?	☐	☐	☐
15. ¿Niego o ignoro mi miedo?	☐	☐	☐

Frecuentemente, **A** veces, **C**asi nunca

El miedo es una emoción incómoda que trata de advertirnos cuando algo está fuera de orden. Hay que aprender a escucharlo. Si, por ejemplo, estoy con un extraño y siento miedo, tengo que prestar atención y retirarme.

Tengo que preguntarme, ¿qué me está diciendo mi miedo? ¿De dónde viene? ¿Contra qué me está previniendo? Porque nuestras emociones están conectadas con nuestra intuición que quiere cuidarnos. Nos evitaríamos muchas cosas desagradables si le hiciéramos caso.

¿En qué situación recuerdo **no** haberle hecho caso a mi intuición, y después me arrepentí?

_____

_____

_____

_____

_____

Pero si bien hay que escuchar a nuestro miedo, también hay que mantenerlo a raya, porque es como una fogata, que si la descuidamos, crece y destruye todo a su alrededor. De igual manera, cuando alimentamos nuestros miedos, aumentan fuera de proporción y se apoderan de nosotros, volviéndonos vulnerables e impotentes.

Por eso es que una persona miedosa atrae situaciones negativas. Porque ¿a quién escoge un agresor como víctima? ¿A una persona segura y valiente, o a una temerosa y cobarde? ¿Qué mejor víctima que la pusilánime que ya está esperando lo peor?

El primer paso para dominar mis miedos es conocerlos.

Mis peores miedos se relacionan con la pérdida de:
mi seguridad económica   mi salud   la salud de mis seres queridos
mi seguridad física   la seguridad física de mis seres queridos   la muerte
el amor

otros _____

Tengo miedo a:
quedarme solo   ser humillado   ser rechazado   ser juzgado
ser abandonado   ser avergonzado   perder el amor   ser criticado
que abusen de mi   que se enojen conmigo

otros _____

¿Cuál es mi peor miedo?

Anótalo en forma de historia. ¿Qué es lo peor que te pudiera ocurrir?

_____

_____

_____

_____

_____

_____

Te sorprenderá saber que tu peor miedo seguramente es diferente al de otras personas.

¿Tu peor miedo tiene alguna relación con la realidad?

¿O es una historia de terror que te has creado en tu imaginación?

Cuando alimentas estas historias imaginarias de terror, intoxicas tu vida emocional y te debilitas.

Reedita la historia anterior. Como si estuvieras escribiendo un guión para una película, vuelve a escribirla pero cambia el final para que sea feliz. Deja volar tu imaginación y créate, en vez de una historia de terror, una historia de posibilidades. ¿Qué es lo mejor que te podría ocurrir?

_____

_____

_____

_____

_____

¡Si sólo pudieras darte cuenta del poder de tus pensamientos y tu imaginación! Tus pensamientos pueden hacerte tremendamente feliz o inmensamente miserable. Y ¿quién tiene dominio de esos pensamientos? Únicamente tú.

Antídotos

Cuando sientas miedo:

1. En vez de huir, enfréntalo. Recuerda que el valiente no es el que no siente miedo, sino el que a pesar de su miedo, sigue adelante.
2. Siente tu miedo con la mayor intensidad posible. Escucha lo que te está diciendo.
3. Atraviésalo.
4. Repítelo varias veces si lo crees necesario.

Alimenta lo positivo en tu vida. Elije poner atención en aquello que te hace sentir bien y te fortalece. Quita tu atención de comentarios pesimistas, noticias y películas de desastres y tragedias. Cambia la conversación cuando sea negativa. Rodéate de personas optimistas. Tu salud emocional depende únicamente de ti.

Afirmaciones

Yo soy fuerte y valiente.
Yo tengo el valor para enfrentar cualquier situación por difícil que parezca.
Yo elijo pensamientos que me fortalecen.
Yo tengo dominio de mis emociones.
Yo creo seguridad en mí mismo en un mundo que es amistoso (*Sincronía en tu vida*, p. 206).

Anota las afirmaciones con las que vas a trabajar. Escoge una de las anteriores o crea la tuya propia.

_____

_____

_____

_____

_____

COMPLACENCIA

Cuando complacemos a los demás, lo más importante que tenemos que revisar es nuestra intención. ¿Por qué estoy haciendo lo que estoy haciendo? Por ejemplo, si me piden un favor y digo que sí, tengo que revisar por qué accedí. ¿Cuál es mi intención?

Preguntas para reflexionar

	F	A	C
1. ¿Me gusta quedar bien?	☐	☐	☐
2. ¿Me importa mucho el qué dirán?	☐	☐	☐
3. ¿Cuido mi imagen?	☐	☐	☐
4. ¿Quiero parecer como buena o servicial?	☐	☐	☐
5. ¿Tengo miedo de que se molesten si digo que no?	☐	☐	☐
6. ¿Trato de evitar los conflictos?	☐	☐	☐
7. ¿Prefiero acceder que enfrentarme con los demás?	☐	☐	☐
8. ¿Me siento culpable cuando digo que no?	☐	☐	☐
9. ¿Prefiero decir que sí aunque sé que no puedo cumplir?	☐	☐	☐
10. ¿Complazco para que me quieran?	☐	☐	☐
11. ¿Complazco y después me cobro?	☐	☐	☐
12. ¿Me quedo resentido después de complacer?	☐	☐	☐
13. ¿Me siento agobiado?	☐	☐	☐
14. ¿Qué tan seguido me enfermo?	☐	☐	☐
15. ¿Tengo demasiado que hacer, nunca me alcanza el tiempo?	☐	☐	☐

Frecuentemente, **A** veces, **C**asi nunca

¿Cuáles son algunos de mis temores si dejo de complacer a los demás?

- ☐ me harán a un lado
- ☐ me dejarán de querer
- ☐ se molestarán
- ☐ se enojarán conmigo

❑ me van a criticar
❑ pensarán que soy egoísta
❑ les voy a caer mal

otros _____

Cuando queremos complacer a otros, nuestra intención tiene que ser por amor hacia la otra persona. Pero ese amor primero me tiene que tomar a mí mismo en cuenta, porque si no, pago un precio.

Éstos son algunos de los **precios** que pagamos cuando no nos tomamos en cuenta:

❑ Me siento frustrado.
❑ Me siento agobiado.
❑ Me siento enojado conmigo mismo.
❑ Pienso que se aprovechan de mí.
❑ Tengo deseos de cobrarme, vengarme.
❑ Maldigo.
❑ Me siento resentida.
❑ Me duele la cabeza o la espalda.
❑ Me enfermo con frecuencia.
❑ No cumplo con mis demás obligaciones.

➡ Ejercicio

Anota el nombre de las personas que frecuentemente complaces y completa las siguientes oraciones:

Pienso que si no complazco a _____

entonces, lo que puede ocurrir es que _____

_____

_____

El precio que pago por complacerlo es _____

_____

_____

Pienso que si no complazco a _____

entonces, lo que puede ocurrir es que _____

_____

_____

El precio que pago por complacerlo es _____

_____

_____

Pienso que si no complazco a _____

entonces, lo que puede ocurrir es que _____

_____

_____

El precio que pago por complacerlo es _____

_____

_____

Cada vez que quieras complacer a alguien, si no quieres pagar un precio, pregúntate:

	Si	No
1. ¿Estoy tomando en cuenta mis límites?	☐	☐
2. ¿Lo estoy haciendo por gusto, no por obligación?	☐	☐
3. ¿Puedo realmente comprometerme sin pagar un precio?	☐	☐

Si la respuesta es sí a las tres preguntas anteriores, tienes tus límites claros. Si no, te recomiendo que leas el libro de la doctora Harriett Braiker, *La enfermedad de complacer a los demás*, de Editorial EDAF.

Cuanto **no** te tomas a ti mismo en cuenta y te sacrificas pensando que de esa manera no estás siendo egoísta, te conviertes en una **víctima.** Recuerda que las víctimas la pasan muy mal. Viven para sufrir y el resentimiento que acumulan arruina sus relaciones. ¿Acaso deseas eso para ti?

Afirmaciones

Mi primera responsabilidad es hacia mí mismo.

Yo soy responsable de atender mis necesidades.

Me honro a mí mismo cuando reconozco y tomo en cuenta mis límites.

No necesito complacer a los demás para ser amado.

Anota las afirmaciones con las que vas a trabajar. Escoge una de las anteriores o crea la tuya propia.

_____

_____

_____

_____

_____

Autoimportancia

La autoimportancia es pariente de la arrogancia. Nos hace pensar que somos mejores y más importantes que los demás y merecemos, por lo tanto, mayor atención. Que nuestras necesidades y deseos son lo único que cuenta y tienen calidad de urgente. La persona con autoimportancia tiene delirio de grandeza. Piensa que los demás deben atenderlo y estar pendientes siempre de él.

Preguntas para reflexionar

	Si	No
1. ¿Me quejo de que nadie me hace caso?	☐	☐
2. ¿Pienso que mis problemas son más importantes que los de los demás?	☐	☐
3. ¿En cambio, tiendo a minimizar los problemas de otros?	☐	☐
4. ¿Me encanta hablar de mis dificultades?	☐	☐
5. ¿Pienso que nadie me comprende?	☐	☐
6. ¿Me siento especial?	☐	☐
7. ¿Con frecuencia siento que no recibo suficiente atención?	☐	☐
8. ¿Tengo la impresión de que me ignoran o hacen menos?	☐	☐
9. ¿Seguido tengo la sensación de no ser tomado en cuenta?	☐	☐
10. ¿Trato de ser el centro de atención?	☐	☐
11. ¿Cuándo no soy el centro de atención me siento mal?	☐	☐
12. ¿Me gusta enfermarme para recibir atención?	☐	☐
13. ¿Me gusta hablar de mis enfermedades?	☐	☐
14. ¿Manipulo para recibir atención?	☐	☐

Es el niño interior dentro de nosotros es el que nunca está satisfecho. No importa cuánto le des, siempre querrá más. Más atención, más amor, más de todo. Eso es natural en todo niño. También se siente especial y el centro del universo, pues piensa que todo y todos giran a su alrededor. Está acostumbrado a recibir porque aún no aprende a dar. ¡Cómo se parece a un niño consentido!

La persona con autoimportancia está viviendo a través de su *niño interno*. Por eso quiere seguir siendo el centro de atención y piensa que nunca es suficiente lo que recibe. Cree que tiene más derechos que los demás y que siempre debe ser el primero.

➡ Ejercicio: Dando atención a tu niño interior

Cierra los ojos e imagina que estás en un lugar muy bello donde te sientes seguro. A lo lejos ves a tu *niño interior* jugando. Acércate y abrázalo. Quédate con él y dale toda tu atención. Dile qué importante es para ti y cuánto lo quieres. Asegúrale que estarás pendiente y cuidarás siempre de él. Despídete y dile que regresarás pronto a visitarlo.

Este *niño interior* es parte de ti, pero no por eso puede conducir tu vida. Es tu *adulto maduro* el que tiene que dirigir y tomar las decisiones importantes de tu vida.

En vez de pensar que los demás tienen que atenderte y darte atención, **ocúpate de ti mismo.** Si te tomas el tiempo para atender tus necesidades y preferencias, estarás satisfecho y contento. Dejarás de reclamarle a los demás lo que en realidad, es tu obligación.

¿Qué necesidades tengo insatisfechas? ¿Cómo puedo atenderlas?

_____

_____

_____

Afirmaciones

Yo soy responsable de atender mis necesidades.
Yo tengo la capacidad de atender mis necesidades y mis preferencias.
Yo me doy toda la atención y el reconocimiento que necesito.

Anota las afirmaciones con las que vas a trabajar. Escoge una de las anteriores o crea la tuya propia.

_____

_____

Dependencia

Cuando necesitamos encontrar la atención, la seguridad y el reconocimiento en los demás, nos volvemos dependientes. Dejamos de confiar en nosotros mismos y buscamos afuera, lo que está adentro.

Preguntas para reflexionar

	F	A	C
1. ¿Me angustia la idea de quedarme solo?	☐	☐	☐
2. ¿Necesito compañía para hacer las cosas?	☐	☐	☐
3. ¿Me afianzo físicamente a la persona amada (le tomas de la mano o lo tocas con frecuencia)?	☐	☐	☐
4. ¿Me cuesta trabajo estar erguido, busco dónde apoyarme?	☐	☐	☐
5. ¿Tiendo a encorvarme?	☐	☐	☐
6. ¿Pido permiso a mi pareja para hacer las cosas?	☐	☐	☐
7. ¿Tengo miedo a ser abandonado?	☐	☐	☐
8. ¿Me siento responsable de la desdicha y la felicidad de otros?	☐	☐	☐
9. ¿Me siento triste o ansioso cuando estoy solo?	☐	☐	☐
10. ¿Necesito de la atención y presencia de otros?	☐	☐	☐
11. ¿Necesito del apoyo y reconocimiento de los demás?	☐	☐	☐
12. ¿Acuso a los demás de abandonarme cuando tengo dificultades?	☐	☐	☐
13. ¿Necesito que me hagan sentir importante y me tomen en cuenta?	☐	☐	☐
14. ¿Utilizo el sexo para afianzarme a la pareja?	☐	☐	☐
15. ¿Tolero abusos con tal de no ser abandonado?	☐	☐	☐
16. ¿Espero que otros arreglen mis asuntos?	☐	☐	☐
17. ¿Prefiero que otros decidan por mí?	☐	☐	☐
18. ¿No me siento autosuficiente?	☐	☐	☐
19. ¿Me gusta que me rescaten?	☐	☐	☐

Frecuentemente, **A** veces, **C**asi nunca

Cuando me siento inferior porque pienso que otros son más fuertes o tienen mayores habilidades que yo, me menosprecio. Entonces busco su apoyo y les entrego mi poder. Pierdo mi lugar de adulto para convertirme en un niño frente a ellos, y me vuelvo dependiente.

Revisa en qué áreas de tu vida todavía eres dependiente:

Área amorosa
- ❑ Pienso que no soy nadie sin una pareja.
- ❑ Pienso que necesito a un hombre o a una mujer a mi lado.
- ❑ Mi pareja decide por mí.
- ❑ Me someto por miedo a perder su amor o su apoyo económico.

Área familiar
- ❑ Todavía dependo de mis padres.
- ❑ Ellos toman mis decisiones.
- ❑ Mis hijos son mi razón de ser.
- ❑ Sus necesidades son siempre más importantes que las mías.
- ❑ Me gusta que dependan de mí.
- ❑ No quiero soltarlos.

Área de trabajo
- ❑ Necesito apoyarme en mis colegas o mis jefes para sentirme seguro.
- ❑ No me siento capaz sin ellos.
- ❑ Dependo de su reconocimiento y apoyo.

Área social
- ❑ Me apoyo en mis amigos para sentirme protegido.
- ❑ No me gusta estar solo.
- ❑ Necesito de mis amigos para divertirme.

¿De qué personas dependo?

Área amorosa _____

Área familiar _____

Área de trabajo _____

_____

Área social _____

_____

¿Qué recibo a cambio de su apoyo?

    amor   atención   seguridad   me resuelven mis problemas
    apoyo económico

¿Qué precio pago por ese apoyo?

    ❑ Me controlan (deciden por mí y yo obedezco, no tengo opinión, estoy
      sometido).

    ❑ Me menosprecian (me siento tonto, incapaz, que no doy la talla).

    ❑ Me lastiman (me humillan, me insultan, me golpean).

¿Cómo afecta esto a mi autoestima? ¿Qué pensamientos negativos me repito
de mi mismo?

    no sirvo   no cuento   soy estúpido   no puedo   necesito ayuda
    todo me sale mal   no soy capaz   soy un torpe
    soy menos que los demás

    otros _____

_____

Ejemplo:

Dependo de mi   *esposo*

Recibo a cambio de su apoyo   *amor y seguridad económica*

El precio que pago es que   *me siento sometida y no tengo ni voz ni voto*

Dependo de _____

Recibo a cambio de su apoyo _____

_____

El precio que pago es que _____

_____

Dependo de _____

Recibo a cambio de su apoyo _____

_____

El precio que pago es que _____

_____

Dependo de _____

Recibo a cambio de su apoyo _____

_____

El precio que pago es que _____

_____

Dependo de _____

Recibo a cambio de su apoyo _____

_____

El precio que pago es que _____

_____

Dependo de _____

Recibo a cambio de su apoyo _____

_____

El precio que pago es que _____

_____

Si quiero dejar de depender, tengo que trabajar con mi autoestima. Reconocer mis dones y fortalezas y dejar de juzgarme como incompetente o tonto. En la medida en que yo me valore y me aprecie, crecerá mi sentido de autoconfianza y tomaré las riendas de mi vida. Aceptaré mis errores como medios de aprendizaje y seré más tolerante y paciente frente a mis limitaciones.

Antídotos

1. Revisa tus creencias equivocadas en relación con la autosuficiencia:
    Si soy autosuficiente me quedaré solo.
    Si soy autosuficiente nadie me va a querer.
    Si soy autosuficiente nadie me puede apoyar.

    Necesitas cambiarlas por:
    Puedo ser autosuficiente y no por eso estaré solo.
    Elijo ser autosuficiente y tener una relación amorosa.
    Puedo ser autosuficiente y no por eso perderé el amor.
    Puedo ser autosuficiente y pedir ayuda cuando la necesite.

    La diferencia entre una persona dependiente y una autosuficiente es que ésta última se apoya en su fuerza interna, desarrolla sus capacidades y se responsabiliza de su vida.

2. En vez de esperar que otros resuelvan tus asuntos, apóyate en tu fuerza interna diciendo:
    Yo tengo la fuerza y la capacidad para salir adelante.

3. Atrévete a tomar tus propias decisiones y recupera la seguridad en ti mismo.

    Anota las afirmaciones con las que vas a trabajar. Escoge una de las anteriores o crea la tuya propia.

Huir, negar o ignorar las emociones

Huir es una manera de no estar realmente presente ante lo que sucede para evitar el sufrimiento. Es un mecanismo de defensa que busca protegernos de lo que puede ser desagradable, molesto o doloroso.

Preguntas para reflexionar

	F	A	C
1. ¿Trato de ignorar lo que me molesta?	☐	☐	☐
2. ¿Utilizo mi imaginación para evadirme de lo que me disgusta?	☐	☐	☐
3. ¿Me siento impotente para enfrentar mis problemas?	☐	☐	☐
4. ¿Me siento pequeño y débil?	☐	☐	☐
5. ¿Me da risa nerviosa cuando estoy en situaciones difíciles?	☐	☐	☐
6. ¿Mi impulso es el de correr cuando hay líos?	☐	☐	☐
7. ¿Cambio de tema cuando me siento amenazado?	☐	☐	☐
8. ¿Cuándo tengo un problema, pienso que si no le hago caso, quizás desaparezca?	☐	☐	☐
9. ¿Procuro hacerme invisible cuando hay conflictos?	☐	☐	☐
10. ¿Busco diversión o actividades cuando me siento preocupado?	☐	☐	☐
11. ¿Me evado a través del trabajo? ¿Nunca descanso?	☐	☐	☐
12. ¿Me desaparezco cuando hay un conflicto?	☐	☐	☐
13. ¿Pienso que necesito ayuda para resolver mis problemas? ¿Qué no puedo solo?	☐	☐	☐

Frecuentemente, **A** veces, **C**asi nunca

Hay muchas maneras de huir de acuerdo con el temperamento:

El *sanguíneo* huye a través de perderse en su incesante actividad y diversión. Entre más problemas o preocupaciones tiene, más cosas encuentra que hacer.

El *melancólico* se evade en su imaginación y busca en quién apoyarse.

El *colérico* se aboca a su trabajo. Se vuelve un "trabajólico".

El *flemático* se hace invisible, se quita emocionalmente. Se refugia en la comida y en dormir.

¿Qué tiendo a hacer cuando tengo problemas o conflictos? _____

_____

_____

_____

Huimos cuando dudamos de nuestra fuerza y nos hacemos pequeños, chiquitos. Este sentimiento de impotencia nos encoge y nos acobarda. Nos hace pensar que no estamos a la altura de la situación. Somos nosotros mismos los que nos menospreciamos y devaluamos.

Antídoto

Recuerda que cuentas como persona y que nada ni nadie te puede quitar tu poder.
Que cuando confrontas un problema, te fortaleces.
Que tienes la fuerza y la sabiduría para resolver cualquier situación que la vida te presente.
Que no existe un problema sin solución, y que si te concentras en la solución, recuperarás tu confianza.

Afirmaciones

Nada ni nadie me puede quitar mi poder.
No hay situación que yo no pueda resolver.
Yo tengo la sabiduría y la fuerza para resolver cualquier dificultad.
Cuando confronto mis dificultades, crezco.
Yo tengo la fuerza y el valor para confrontar mis miedos.
Yo tengo la capacidad para resolver cualquier situación adversa.

Anota las afirmaciones con las que vas a trabajar. Escoge una de las anteriores o crea la tuya propia.

_____

_____

_____

_____

Cómo reacciono cuando me enojo

El enojo es una reacción ante mis necesidades insatisfechas. Como cualquier otra emoción, no es ni buena ni mala, pero puede tener un efecto negativo si nos lastimamos o herimos a los demás.

Preguntas para reflexionar

	F	A	C
1. ¿Cuando me enojo lo reprimo, hago como que nada sucede?	☐	☐	☐
2. ¿Lo niego, digo que no estoy enojado?	☐	☐	☐
3. ¿No me doy permiso de enojarme, en su lugar, siento tristeza?	☐	☐	☐
4. ¿Cuándo algo me molesta, me aguanto y me aguanto hasta que exploto?	☐	☐	☐
5. ¿Me enojo fácilmente? ¿Me dicen que soy muy enojón?	☐	☐	☐
6. ¿Me siento culpable cuando me enojo y después trato de compensar siendo muy cariñoso y complaciente?	☐	☐	☐
7. ¿Culpo a los demás por mi enojo? "¡Me hiciste enojar!"	☐	☐	☐
8. ¿Castigo con mi silencio cuando me enojo? ¿Les dejo de hablar?	☐	☐	☐
9. ¿Hago cualquier cosa con tal de que no se enojen conmigo? ¿Prefiero ceder con tal de llevar la fiesta en paz?	☐	☐	☐
10. ¿Siento miedo cuando alguien se enoja?	☐	☐	☐
11. ¿Insulto y humillo cuando me enojo? ¿Digo cosas de las que después me arrepiento?	☐	☐	☐
12. ¿Grito o aviento las cosas?	☐	☐	☐
13. ¿Golpeo cuando me enojo?	☐	☐	☐
14. ¿Controlo con mi enojo? "¡Ya sabes lo que te espera si me enojo!"	☐	☐	☐
15. ¿Amenazo? "¿Quieres que me enoje?"	☐	☐	☐
16. ¿Chantajeo? "Si no me hubieras hecho enojar…"	☐	☐	☐
17. ¿Pierdo la cabeza cuando me enojo y después no recuerdo lo que ocurrió?	☐	☐	☐
18. ¿Me tienen miedo cuando me disgusto?	☐	☐	☐
19. ¿He perdido amistades por mis arrebatos?	☐	☐	☐

Frecuentemente, **A** veces, **C**asi nunca

El primer paso para manejar adecuadamente nuestro enojo es saber qué hacer cuando nos disgustamos. Obsérvate la próxima vez que te enojes y contesta a la siguiente lista de preguntas.

Completa las siguientes frases y compara:

En mi trabajo cuando me enojo tiendo a _____

_____

_____

Cuando me enojo con mi pareja tiendo a _____

_____

_____

Cuando me enojo con mis hijos tiendo a _____

_____

_____

Cuando me disgusto con mis amistades tiendo a _____

_____

_____

_____

Puede ser que reacciones de maneras muy parecidas o muy distintas en cada uno de estos casos. Y puede ser que también te comportes de maneras diferentes de acuerdo a las personas. Este análisis puede ayudarte para que empieces a reconocer ciertos patrones de comportamiento que tienes en relación con el enojo.

LOS DEPÓSITOS DE ENOJO

Cuando nuestra reacción no guarda proporción con la situación que la causó, es porque hemos activado un depósito de enojo. Son enojos que hemos reprimido y se han ido acumulando hasta que un incidente insignificante se convierte en la mecha que los detona.

Preguntas para reflexionar

	F	A	C
1. ¿Me "trago" lo que me molesta?	☐	☐	☐
2. ¿Cuándo algo me enoja, me quedo callado y me retiro?	☐	☐	☐
3. ¿Prefiero aguantarme a enfrentar una situación que me incomoda?	☐	☐	☐
4. ¿Dejo que se me acumule el enojo hasta que exploto?	☐	☐	☐
5. ¿Desconcierto a los demás con mis explosiones?	☐	☐	☐
6. ¿Me reclaman que me enojo por cualquier cosa?	☐	☐	☐
7. ¿Tengo dificultad para expresar lo que me molesta?	☐	☐	☐
8. ¿Cuando por fin lo hago, grito o insulto?	☐	☐	☐

Frecuentemente, **A** veces, **C**asi nunca

A veces el depósito de enojo que tenemos con alguna persona, termina explotándole a otra que no tiene nada que ver. Eso sucede cuando los padres tienen problemas conyugales o en el trabajo pero se desquitan con los hijos. En este caso pagan justos por pecadores.

¿Con quiénes tengo depósitos de enojo?

Con las siguientes personas tengo enojos acumulados que no he expresado.

_____

_____

_____

_____

Antídoto

1. *No acumules tus enojos.* De esta manera no irás creando depósitos de enojo. Si estás muy molesto, respira hondo y di: "En este momento estoy enojado, pero nada más me calmo y hablamos."
2. Desahógate escribiéndole una carta donde sueltas tu rabia *y la rompes.*
3. Otra opción para cuando no te es posible hablar con la persona afectada (puede ser porque no esté disponible o ya haya fallecido, o en el caso de que ya lo hayas intentado pero no hayas obtenido buenos resultados): libera tu enojo en meditación.

   Visualiza a la persona sentada frente a ti:
   a. Suelta tu enojo diciéndole todo lo que tienes en su contra. No juzgues ni censures lo que dices, no le puedes hacer daño si tu intención es soltar.
   b. Imagínate que la persona se disculpa y te dice: "Tienes toda la razón de sentirte así. ¿Qué puedo hacer para que te sientas mejor?"
   c. Tú le dices cuál es tu deseo positivo. Te imaginas a esa persona dándote lo que te hace falta.

a. y c. tienen que durar el mismo tiempo. Es decir, el tiempo en que sueltas tu enojo y el tiempo en que te visualizas teniendo una buena relación con esa persona deben tener la misma duración para que efectivamente puedas cambiar el primero por el segundo. Para decirlo de otra manera, necesitan tener el mismo peso para que sean intercambiables.

Repite este ejercicio varias veces y verás cambios que te asombrarán, pues aunque es un ejercicio muy sencillo, es muy efectivo porque a través de él logras:

   a. Soltar tu enojo.
   b. Darte lo que necesitas.
   c. Cambiar la relación que tienes con esa persona al liberarla de la imagen negativa que tienes de ella.

4. Analiza claramente de dónde viene tu enojo. Asegúrate de que no te estés desquitando con una persona inocente.
5. Si tocaste un depósito de enojo y estallaste, perdónate a ti mismo primero y luego discúlpate con la persona que lastimaste.

Cómo procesar el enojo

Cuando te enojas necesitas tomarte un tiempo para analizar de dónde viene realmente tu enojo. Si no lo haces, te seguirás enojando y a la mejor pagarán justos por pecadores.

¿Cuántas veces son los hijos los chivos expiatorios cuando estallamos porque estamos muy cansados, nos sentimos presionados por la situación económica o estamos molestos con nuestra pareja?

★ Incidente que provocó mi enojo:

_____

_____

_____

¿Es proporcionada mi reacción al incidente que lo causó?

Sí _____ No _____

Si la respuesta es **no**, entonces viene de un depósito de enojo. ¿Qué enojos he reprimido en vez de expresarlos?

_____

_____

_____

¿Tiene mi enojo que ver con esta persona? ¿Por qué estoy realmente enojado? ¿Es estrés acumulado? ¿Qué otra situación me está provocando este enojo?

_____

_____

_____

✱ Incidente que provocó mi enojo:

_____

_____

_____

_____

¿Es proporcionada mi reacción al incidente que lo causó?

Sí _____ No _____

Si la respuesta es **no**, entonces viene de un depósito de enojo. ¿Qué enojos he reprimido en vez de expresarlos?

_____

_____

_____

_____

¿Tiene mi enojo que ver con esta persona? ¿Por qué estoy realmente enojado? ¿Es estrés acumulado? ¿Qué otra situación me está provocando este enojo?

_____

_____

_____

_____

✱ Incidente que provocó mi enojo:

_____

_____

_____

_____

¿Es proporcionada mi reacción al incidente que lo causó?

Sí _____ No _____

Si la respuesta es **no**, entonces viene de un depósito de enojo. ¿Qué enojos he reprimido en vez de expresarlos?

_____

_____

_____

_____

¿Tiene mi enojo que ver con esta persona? ¿Por qué estoy realmente enojado? ¿Es estrés acumulado? ¿Qué otra situación me está provocando este enojo?

_____

_____

_____

_____

✱ Incidente que provocó mi enojo:

_____

_____

_____

_____

¿Es proporcionada mi reacción al incidente que lo causó?

Sí _____ No _____

Si la respuesta es **no**, entonces viene de un depósito de enojo. ¿Qué enojos he reprimido en vez de expresarlos?

_____

_____

_____

_____

¿Tiene mi enojo que ver con esta persona? ¿Por qué estoy realmente enojado? ¿Es estrés acumulado? ¿Qué otra situación me está provocando este enojo?

_____

_____

_____

_____

✴ Incidente que provocó mi enojo:

_____

_____

_____

_____

¿Es proporcionada mi reacción al incidente que lo causó?

Sí _____ No _____

Si la respuesta es **no**, entonces viene de un depósito de enojo. ¿Qué enojos he reprimido en vez de expresarlos?

_____

_____

_____

_____

¿Tiene mi enojo que ver con esta persona? ¿Por qué estoy realmente enojado? ¿Es estrés acumulado? ¿Qué otra situación me está provocando este enojo?

_____

_____

_____

_____

Qué obtengo por medio de mi enojo

Repetimos ciertos comportamientos porque obtenemos algo de ellos, aunque muchas veces lo hacemos de manera inconsciente. Si conseguimos algo importante a través de enojarnos, entonces no querremos dejar de hacerlo.

Veamos algunas razones por las cuales podría **no** convenirte dejar de enojarte.

Cuando me enojo tiendo a:
Marca y contesta aquellas con las que te identificas.

❑ Manipular: hacen lo que yo quiero.

¿A quiénes manipulo? _____

¿En qué situaciones tiendo a manipular? _____

_____

_____

_____

❑ Amenazar: me tienen miedo y obedecen.

¿A quiénes amenazo? _____

¿En qué situaciones? _____

_____

_____

_____

❑ Controlar: te someto, yo tengo el mando, yo decido.

¿A quiénes controlo? _____

_____

¿En qué situaciones? _____

_____

_____

_____

❑ Buscar atención: todos se ocupan de mí y me hacen caso cuando me enojo. "¿Qué tienes?" "¿Por qué estás molesto?" "¿Qué te pasa?" "Por favor, no te enojes."

¿De quiénes busco atención? _____

_____

¿En qué situaciones? _____

_____

_____

_____

❑ Castigar: que paguen por lo que me han hecho. No te hablo, te ignoro. No te preparo de cenar. No te doy permiso de salir.

_____

¿A quiénes castigo? _____

¿En qué situaciones? _____

_____

_____

_____

❏ Mostrar mi fuerza: yo puedo más que tú. A mí nadie me controla.

¿A quiénes someto? _____

_____

¿En qué situaciones? _____

_____

_____

_____

❏ Culpabilizar: "Por tu culpa me enfermé ¡me hiciste enojar!"

¿A quiénes culpo? _____

_____

¿En qué situaciones? _____

_____

_____

_____

❏ Desquitarme: "Me aprovecho de que no puedes defenderte."

¿Con quiénes me desquito? ¿Con mis hijos, mi pareja o mis empleados?

_____

_____

¿En qué situaciones? _____

_____

_____

_____

Podemos utilizar el enojo para imponernos sobre los demás. Y sí funciona, pero no es honesto y los lastima. Cuando obligamos a que nos complazcan o nos obedezcan a través de intimidar, manipular o hacerlos sentirse culpables, les estamos faltando al respeto. Y cuando recibimos atención a través de enojarnos, estamos olvidando que nosotros mismos somos los responsables de darnos esa atención que nos está haciendo falta.

Una relación saludable tiene que estar basada en el respeto mutuo. Pues el mismo respeto que exijo para mí, es el que tengo que dar a otros.

Sólo yo soy responsable de mis emociones y no puedo utilizarlas para mis fines egoístas si quiero tener el aprecio de los demás.

En vez de

- manipular tengo que .... ser claro y directo.
- amenazar tengo que .... ser amoroso.
- controlar tengo que .... soltar y confiar.
- buscar atención tengo que ...... darme atención a mí mismo.
- castigar tengo que .... perdonar.
- mostrar mi fuerza tengo que ... contener mi fuerza.
- culpabilizar tengo que .... responsabilizarme.
- desquitarme tengo que .... soltar mi enojo sin lastimar.

Afirmaciones

Yo elijo expresar mi enojo sin dañar a nadie.
Yo puedo expresar mi enojo de manera segura.
Amo y respeto a las personas con las que convivo.
Yo elijo relacionarme de manera respetuosa con los demás.

Anota las afirmaciones con las que vas a trabajar. Escoge una de las anteriores o crea la tuya propia.

ESTRÉS

Reaccionamos de maneras diferentes de acuerdo con nuestro temperamento cuando nos sentimos presionados, cansados o estresados. Los coléricos y sanguíneos que son extrovertidos expresan abiertamente su molestia, mientras que los melancólicos y flemáticos tienden a reprimirse.

Colérico
Malhumorado, irritable, impaciente, gritón, grosero, enojón, golpea, insulta, berrinchudo, agresivo, violento

Sanguíneo
Nervioso, inquieto, no puede parar, hiperactivo, no para de hablar, ansioso, disperso, distraído, olvida todo, tartamudea, tiene tics

Melancólico
Triste, llorón, retraído, quejumbroso, ansioso, preocupón, nervioso, deprimido

Flemático
Come y duerme de más, apartado, ausente, muy callado, apático, aletargado, pasivo

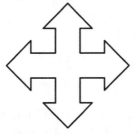

Preguntas para reflexionar

F A C

1. ¿Me quejo frecuentemente de sentirme abrumado por tener demasiado que hacer? □ □ □
2. ¿Mis hijos y amistades me dicen que siempre estoy de mal humor o enojado? □ □ □

3. ¿Me irrito por cosas pequeñas? ☐ ☐ ☐

4. ¿Me siento cansado de todo y de todos? ☐ ☐ ☐

5. ¿Mi cuerpo está tenso, me duele la espalda, el cuello? ¿Tengo ☐ ☐ ☐
dolores musculares que trato de ignorar?

6. ¿Tengo problemas para poner atención, para escuchar a otros? ☐ ☐ ☐
¿Estoy presente en cuerpo pero ausente en pensamiento?

7. ¿Estoy comiendo de más u olvido comer? ¿La comida se me ☐ ☐ ☐
atora o no tiene sabor? ¿Cómo muy rápido, con ansiedad?

8. ¿Nunca tengo tiempo para mí? ☐ ☐ ☐

9. ¿Trabajo sin parar? ¿Nunca tengo tiempo para divertirme? ☐ ☐ ☐

10. ¿Tengo dificultades para dormir? ☐ ☐ ☐

11. ¿Duermo de más? ¿Me siento aletargado? ☐ ☐ ☐

12. ¿Descuido mi apariencia personal? ☐ ☐ ☐

13. ¿Me siento ansioso, nervioso o no puedo parar de moverme? ☐ ☐ ☐

Frecuentemente, **A** veces, **C**asi nunca

¿Qué tiendo a hacer cuando me siento estresado?

_____

_____

_____

_____

Sólo tú eres responsable de recuperar tu bienestar, pues nada ni nadie es responsable de que te sientas bien. Tú tienes que asumir tu responsabilidad y dar los pasos necesarios para recuperar el equilibrio.

¿Qué puedo hacer para desestresarme?

Anota 3 cosas que te gustaría hacer para soltar tu estrés (hacer ejercicio, darme un masaje, dormir más, eliminar algunas actividades, meditar, hacer yoga, escuchar música, etcétera).

1.._____

2.._____

3.._____

Carta compromiso

Anota las cosas que quieres hacer o dejar de hacer para sentirte mejor. Sé realista y no te propongas hacer demasiados cambios a la vez. Es preferible anotar una cosa y cumplirla que muchas y no hacerlas.

Al firmar toma conciencia de tu compromiso. Copia en un papel lo que te has propuesto y tenlo a la vista.

Al final de la semana revisa los resultados.

Fecha _____

Para sentirme mejor esta semana me comprometo a_____ _____

_____

_____

_____

_____
　　　　Firma

Fecha _____

Para sentirme mejor esta semana me comprometo a_____ _____

_____

_____

_____

_____
　　　　Firma

Fecha _____

Para sentirme mejor esta semana me comprometo a_____ _____

_____

_____

_____

_____
　　　　Firma

Fecha _____

Para sentirme mejor esta semana me comprometo a_____ _____

_____

_____

_____

_____

Firma

Fecha _____

Para sentirme mejor esta semana me comprometo a_____ _____

_____

_____

_____

_____

Firma

Afirmaciones

Sólo yo soy responsable de mi bienestar.

Yo elijo sentirme relajado y contento.

Yo me cuido como una expresión de mi amor a mí mismo.

Anota las afirmaciones con las que vas a trabajar. Escoge una de las anteriores o crea la tuya propia.

_____

_____

_____

_____

MIS NECESIDADES INSATISFECHAS

Sólo nosotros podemos identificar y atender nuestras necesidades insatisfechas, pues nadie más es responsable de nuestro bienestar. Cuando aprendemos a identificarlas encontramos la causa del enojo, del estrés y de la falta de equilibrio. Al reconocer la fuente de nuestro desasosiego podemos ponerle remedio.

Imagínate a estos cinco aspectos como partes de una estrella. Los cinco son importantes y necesarios para lograr un equilibrio.

Área espiritual

Área emocional — Área mental

Área física   Área social

La pregunta más importante que te puedes hacer es:

¿Qué me está haciendo falta?

Marca aquellas partes que necesitan más atención en tu vida.

Área física
- ❑ alimentación
- ❑ ejercicio (falta de flexibilidad)
- ❑ descanso (¿estoy cansado, agotado?)
- ❑ bienestar, salud (¿cómo es mi estado físico? Tengo alguna dolencia o enfermedad)

Área emocional
- ❑ atención   amor   me siento aceptado tal y como soy
- ❑ me siento seguro (¿vivo preocupado o con miedo?)
- ❑ entretenimiento (diversión, esparcimiento, alegría)

Área mental
- ❑ estímulos mentales (estudio, lectura, juegos imaginativos)

Área social ❑ siento que pertenezco (¿me siento rechazado, solo, aislado?)

❑ tengo amistades (¿tengo relaciones que me alimentan?)

Área espiritual ❑ tiempo para introspección (reflexión, orar, meditar)

Guiándote por lo que marcaste, ¿cuáles dirías que son tus partes más débiles?

_____

_____

_____

_____

Pregúntate:

¿Qué me hace falta para sentirme bien?

¿Qué necesito hacer o dejar de hacer para sentirme mejor?

¿Qué me relaja y me pone de buen humor?

¿Qué me aligera y hace sentir feliz?

_____

_____

_____

_____

Afirmaciones

Yo soy responsable del equilibrio en mi vida.

Yo elijo ser feliz.

Anota las afirmaciones con las que vas a trabajar. Escoge una de las anteriores o crea la tuya propia.

_____

_____

_____

_____

TERCERA PARTE

¡LO QUE SÍ QUIERO DENTRO DE MI MOCHILA! TODO LO QUE ME IMPULSA Y ANIMA A CRECER

Al vigilar tus pensamientos, cambiar tus creencias limitantes, cuidar tus actitudes y tomar elecciones conscientes has empezado a tomar la responsabilidad de tu vida. Porque en el momento que dices: "Sí, yo creo mi realidad", recuperas tu poder y dejas de sentirte víctima de todo lo que ocurre a tu alrededor. Te das cuenta que siempre tienes elección, pues siempre puedes elegir cómo decides responder ante cualquier circunstancia. Si, por ejemplo, te encuentras privado de tu libertad, aún en esa situación tan adversa, tienes la elección de cómo decides responder ante ella. Esa es finalmente una elección que siempre será tuya. En mis conferencias a padres de familia les digo: "Enséñenles a sus hijos que siempre tienen elección. Si tienen que tomar un medicamento que no les gusta, su elección no es si pueden o no tomarlo. Se lo tienen que tomar. Pero sí pueden decidir cómo se lo toman, 'por las buenas o por las malas'. Esta elección nadie se las puede quitar."

Conforme crecemos en consciencia y tomamos la responsabilidad de nuestras vidas, nos damos cuenta que tenemos el poder de mantener a raya lo que nos limita y de acrecentar aquello que nos fortalece, nos hace sentir felices y realizados. Para ello les ofrezco los siguientes ejercicios, comenzando con la aceptación y el amor por nosotros mismos, la empatía y el perdón, y continuando con la integridad y el compromiso, la alegría y el equilibrio.

¿Qué otros elementos deseas incluir en tu mochila? Quizás pasión, entusiasmo, gratitud, compasión. La lista puede ser interminable, por lo que te animo a que elabores tus propios ejercicios y completes lo que aquí te presento. Todos estos elementos son ligeros y luminosos, y te inducen a seguir adelante, pues convierten el transitar por la vida en una aventura divertida y trascendental.

ACEPTACIÓN

Las personas que nos rodean no están aquí para hacernos felices ni para complacernos. Ellos tienen sus propias lecciones que aprender y sus propios caminos que recorrer. Si nuestra felicidad depende de lo que hacen o dejan de hacer, siempre viviremos a expensas de ellos, tratando de controlar sus vidas para sentirnos satisfechos, y ellos estarán infelices e intentando librarse de nosotros.

Busquemos en nuestro interior la alegría de vivir. Aprendamos a sentirnos contentos, sin depender de persona alguna, dirigiendo nuestros pensamientos y nuestra atención hacia aquello que nos da bienestar. Cuando nos demos cuenta que nuestra felicidad no depende más que de nosotros mismos, entonces seremos realmente libres.

Secuencia de afirmaciones

Repítela varias veces y siente el cambio energético.

Te libero de tratar de complacerme.
Tú tienes tu propio camino.

Tú no eres responsable de mi felicidad.
Mi felicidad depende únicamente de mí.

Yo me responsabilizo de ser feliz.
Yo elijo ser feliz.

A continuación te ofrezco unas cartas que te pueden ayudar para soltar a las personas que no aceptas, con las que tienes conflictos o te sientes frecuentemente enojado. Asegúrate de anotar por lo menos una de sus cualidades. Si te cuesta trabajo encontrar qué apreciar, quiere decir que te has enfocado únicamente en lo que te molesta de ella. Encuentra el equilibrio reconociendo también sus fortalezas.

Con un plumón amarillo subráyalas para que las tengas presente.
Lee en voz alta el acuerdo y firma tu compromiso.
Recuerda que al liberar a la otra persona, te estás liberando a ti mismo.

Querido _____

Me molesta de ti _____

_____

_____

_____

Aprecio de ti _____

_____

_____

_____

Quiero decirte que dejaré de tratar de cambiarte y te aceptaré tal y como eres. Tú no tienes que ser diferente para que yo me sienta bien, porque sólo yo soy responsable de mis emociones. Yo elijo enfocarme en tus cualidades y aceptar tus debilidades, y sentirme contento y satisfecho.

_____
Firma

Querido _____

Me molesta de ti _____

_____

_____

_____

Aprecio de ti _____

_____

_____

_____

Quiero decirte que dejaré de tratar de cambiarte y te aceptaré tal y como eres. Tú no tienes que ser diferente para que yo me sienta bien, porque sólo yo soy responsable de mis emociones. Yo elijo enfocarme en tus cualidades y aceptar tus debilidades, y sentirme contento y satisfecho.

_____
Firma

Querido _____

Me molesta de ti _____
_____
_____
_____

Aprecio de ti _____
_____
_____
_____

Quiero decirte que dejaré de tratar de cambiarte y te aceptaré tal y como eres. Tú no tienes que ser diferente para que yo me sienta bien, porque sólo yo soy responsable de mis emociones. Yo elijo enfocarme en tus cualidades y aceptar tus debilidades, y sentirme contento y satisfecho.

_____
Firma

Querido _____

Me molesta de ti _____
_____
_____
_____

Aprecio de ti _____

_____

_____

_____

Quiero decirte que dejaré de tratar de cambiarte y te aceptaré tal y como eres. Tú no tienes que ser diferente para que yo me sienta bien, porque sólo yo soy responsable de mis emociones. Yo elijo enfocarme en tus cualidades y aceptar tus debilidades, y sentirme contento y satisfecho.

_____

Firma

Querido _____,

Me molesta de ti _____

_____

_____

_____

Aprecio de ti _____

_____

_____

_____

Quiero decirte que dejaré de tratar de cambiarte y te aceptaré tal y como eres. Tú no tienes que ser diferente para que yo me sienta bien, porque sólo yo soy responsable de mis emociones. Yo elijo enfocarme en tus cualidades y aceptar tus debilidades, y sentirme contento y satisfecho.

_____

Firma

Autoestima

¿Qué tanto te aprecias a ti mismo? Antes de contestar considera las siguientes preguntas.

Preguntas para reflexionar

	F	A	C
1. ¿Tiendo a atraer situaciones en donde me humillan?	☐	☐	☐
2. ¿Me siento indigno?	☐	☐	☐
3. ¿Tengo dificultades para expresar mis necesidades?	☐	☐	☐
4. ¿Me rebajo mentalmente a mí mismo?	☐	☐	☐
5. ¿Cuándo alguien me critica, me siento humillado y degradado?	☐	☐	☐
6. ¿No valoro mi trabajo?	☐	☐	☐
7. ¿Permito que abusen de mí?	☐	☐	☐
8. ¿Me importa mucho lo que piensan los demás de mí?	☐	☐	☐
9. ¿Si alguien me corrige, me defiendo aunque sepa que tienen razón?	☐	☐	☐
10. ¿Hago lo imposible para tapar mis fallas?	☐	☐	☐
11. ¿No tengo iniciativa?	☐	☐	☐
12. ¿Permito que otros decidan por mí?	☐	☐	☐
13. ¿Las personas me hacen a un lado, me rechazan o me ignoran?	☐	☐	☐
14. ¿Cuando pierdo me siento un fracasado?	☐	☐	☐
15. ¿Me siento incapaz, inepto?	☐	☐	☐
16. ¿Dejo que otras personas respondan por mí?	☐	☐	☐
17. ¿Atiendo a otros y me olvido de mí?	☐	☐	☐
18. ¿Me siento menos que los demás?	☐	☐	☐
19. ¿Envidio a los demás?	☐	☐	☐
20. ¿Me comparo con otros que pienso que son mejores que yo?	☐	☐	☐
21. ¿Dudo que verdaderamente me quieran?	☐	☐	☐
22. ¿No me gusta llamar la atención por miedo a que me avergüencen?	☐	☐	☐

23. ¿Pienso que la vida es injusta?   ☐ ☐ ☐

24. ¿No me gusta sentirme expuesto?   ☐ ☐ ☐

Frecuentemente,   **A** veces,   **C**asi nunca

Para saber qué tanto te aprecias a ti mismo, basta con mirar a tu derredor. ¿Cómo te tratan las demás personas?

_____

_____

_____

_____

¿Son gentiles y amables, o irascibles y groseras? Si te quejas con frecuencia de que no te toman en cuenta, se aprovechan de ti o te maltratan, ellos están siendo un reflejo de cómo te tratas a ti misma, de tu falta de respeto.

Por otro lado, si te sientes fácilmente humillado, avergonzado o rechazado, es porque tienes baja tu autoestima y todo lo percibes de manera exagerada o equivocada. Como quien tiene la piel delgada y cualquier contacto lo percibe como un rasguño, la persona con baja autoestima se ofende fácilmente, pues todo lo toma de manera personal.

Pero eres tú mismo a través de tu diálogo interno el que te menosprecias. Observa y reconoce las frases que te repites a ti mismo de manera automática y que te degradan.

¿Qué pensamientos negativos me repito a mí mismo?

- ☐ No valgo.
- ☐ Soy poca cosa.
- ☐ No cuento.
- ☐ ¡Qué estúpido soy!
- ☐ No puedo.
- ☐ Todo me sale mal.
- ☐ No soy capaz.
- ☐ Soy un torpe.
- ☐ Soy de lo peor.

❑ Seguro me va a salir mal.
❑ Nunca le atino.
❑ Ellos son mejores que yo.
❑ Se van a dar cuenta que no doy una.
❑ Siempre tengo mala suerte.
❑ Me avergüenzo de mí mismo.
❑ No me lo merezco.
❑ No doy una.
❑ Cuándo no, ¡tenía que pasarme a mí!
❑ ¡Qué burro soy!
❑ otros _____

_____

_____

_____

Estos pensamientos limitantes que te repites continuamente se convierten en patrones de pensamiento. Son como un disco que has grabado en el subconsciente y que se reproduce cuando menos te das cuenta.

La buena noticia es que puedes cambiar esta grabación. Pero primero tienes que identificar lo que te has estado diciendo todo este tiempo.

Cambia las frases negativas por:

Yo valgo.
Yo cuento.
Se vale equivocarse.
Yo aprendo de mis errores.
Yo soy una persona capaz.
Yo atraigo cosas buenas a mi vida.
Yo merezco cosas buenas.
Muchas cosas me salen bien.
Yo me aprecio a mí mismo.
Con esfuerzo y dedicación puedo lograr cualquier cosa que me propongo.

Anota las afirmaciones con las que vas a trabajar. Escoge una de las anteriores o crea la tuya propia.

_____

_____

_____

_____

Si no te aprecias a ti mismo, ¿cómo pretendes que los demás lo hagan? En la medida que tú te valores, te valorarán los demás. En la medida que tú te respetes, te respetarán los demás.

Regresa al ejercicio de "Mis relaciones son mi espejo" y copia y completa la lista de tus fortalezas.

¿Qué cosas hago especialmente bien? ¿Por qué cosas recibo cumplidos?

1. _____
2. _____
3. _____
4. _____
5. _____
6. _____
7. _____
8. _____
9. _____
10. _____

Anota diez cualidades o dones que tienes.

1. _____
2. _____
3. _____

4. _____

5. _____

6. _____

7. _____

8. _____

9. _____

10. _____

Cuando alguien te felicite, recibe el cumplido, no lo hagas a un lado, te disculpes o lo minimices. Por el contrario, repítete interiormente: "Agradezco y aprecio el reflejo positivo de mí mismo que esta persona me está dando."

¿Qué cumplidos he recibido últimamente? Si tu respuesta es ninguno, es tu *víctima* la que está contestando. Vuelve a pensar. Si no recuerdas, pregunta a una persona que sabes que te aprecia.

_____

_____

_____

_____

➡ Ejercicio: Me felicito

Consigue un cuaderno bello que te guste. Titúlalo "Me felicito".

Antes de acostarte anota tres cosas por las cuales te quieres felicitar ese día. No tienen que ser grandes hazañas, pueden ser detalles que tuviste con otros o contigo mismo, tareas que completaste, actividades que te dieron placer. Recuerda que cuando haces cosas que te hacen sentir feliz, estás queriéndote a ti mismo.

Periódicamente lee tus anotaciones. Siente el placer de apreciarte a ti mismo.

➡ Ejercicio: El abrazo

Antes de levantarte por la mañana, cruza tus brazos sobre tu pecho y date un abrazo. Siente el amor que te tienes a ti mismo.

Secuencia de afirmaciones

Repite esta secuencia por lo menos tres veces.

En la medida que yo me valoro, me valoran los demás.
En la medida en que yo me aprecio, me aprecian los demás.
En la medida en que yo me respeto, me respetan los demás.
En la medida en que yo me tomo en cuenta, me toman en cuenta los demás.

Yo me valoro.
Yo me aprecio.
Yo me respeto.
Yo me tomo en cuenta.
Y esto se refleja de manera positiva en mi realidad.

EMPATÍA

Empatía significa ponerte en los zapatos del otro para comprender lo que le sucede. Sientes al otro pero no te olvidas de ti mismo. Cuando empatizas puedes ayudar al otro porque no te pierdes en la relación.

Simpatía significa, en cambio, que te fusionas con la otra persona. Sientes todo lo que experimenta el otro y te olvidas de ti mismo. Entonces estás incapacitado para ayudarlo.

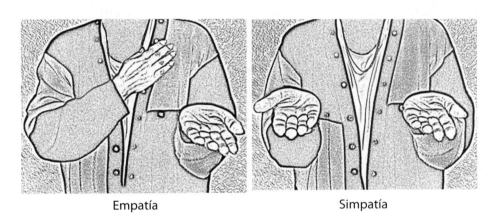

Empatía   Simpatía

Preguntas para reflexionar

                                                                    F A C

1. ¿Me afectan los problemas de los demás?   ☐ ☐ ☐
2. ¿Les gusta desahogarse conmigo?   ☐ ☐ ☐
3. ¿Me siento triste y deprimido cuando me cuentan sus
   problemas?   ☐ ☐ ☐
4. ¿Tengo dificultad para poner límites cuando no quiero
   escucharlos?   ☐ ☐ ☐
5. ¿Me siento responsable de solucionar sus problemas?   ☐ ☐ ☐
6. ¿Cargo con problemas que no son míos?   ☐ ☐ ☐
7. ¿Recuerdo sus dificultades todo el día?   ☐ ☐ ☐

8. ¿Me siento responsable de la desdicha o la felicidad de otros? ☐ ☐ ☐

9. ¿Me gusta compartir mi sufrimiento? ☐ ☐ ☐

10. ¿Agobio a los demás con mis problemas? ☐ ☐ ☐

11. ¿He perdido amistades porque no paro de quejarme? ☐ ☐ ☐

12. ¿Tengo amistades que me depriman? ☐ ☐ ☐

13. ¿Me afecta el pesimismo de los demás? ☐ ☐ ☐

14. ¿Atraigo a personas negativas? ☐ ☐ ☐

Frecuentemente, **A** veces, **C**asi nunca

Si respondí sí a las preguntas anteriores, estoy en simpatía y no en empatía. Creo equivocadamente que el querer a una persona significa cargar con sus problemas. Que si la amo, entonces, estoy dispuesta a cargar con su dolor. En nombre del amor soy infeliz con ellos. De ahí el dicho: "A la desdicha le gusta la compañía." Pero, si estás cojo, ¿en quién te quieres apoyar? ¿En otro cojo o en una persona sana? Cuando estamos en simpatía, nos bajamos a su misma resonancia, y nos incapacitamos para ayudarlos.

Por otro lado, los estamos invalidando. Sin palabras les decimos: "Eres incapaz de resolver tus problemas, por eso es que interfiero. Sin mí no eres nada."

➡️ Ejercicio

Ejemplo:

Tiendo a simpatizar con _____ *mi prima Gabriela*

¿En qué situación? _____ *Cuando se queja de su marido y de sus hijos*

¿Cómo me siento después de estar con ella? _____ *Fastidiada, agobiada,*
_____ *con ganas de no volver a verla*

Tiendo a simpatizar con _____

¿En qué situación? _____

¿Cómo me siento después de estar con ella? _____

_____

_____

_____

Tiendo a simpatizar con _____

¿En qué situación? _____

_____

_____

¿Cómo me siento después de estar con ella? _____

_____

_____

_____

Tiendo a simpatizar con _____

¿En qué situación? _____

_____

_____

¿Cómo me siento después de estar con ella? _____

_____

_____

_____

Tiendo a simpatizar con _____

¿En qué situación? _____

_____

_____

¿Cómo me siento después de estar con ella? _____

_____

_____

_____

Antídoto

Si quieres ayudar a una persona, tienes que empatizar en lugar de simpatizar. Es decir, no olvidarte de ti mismo mientras estás con ella.

Repítete: "Éste no es mi problema, es suyo. Ella tiene la capacidad para resolver sus problemas. Cada quien se crea su realidad para aprender de ella. Yo puedo tratar de ayudarla pero la responsabilidad es suya."

Puedes también escribirle una carta (que no le mandas) para que la próxima vez que busque tu apoyo, tengas la suficiente distancia emocional para poder empatizar con ella.

Ejemplo:

Querido _Francisco_

Quiero decirte que te quiero mucho y que confío en que tienes la capacidad para resolver tus problemas. Yo puedo intentar ayudarte, pero la responsabilidad es tuya. Tú te has creado esto para aprender.
Con mucho amor,

Alicia
Firma

Querido _____

_____

_____

_____

_____

_____

_____

_____

_____

     Firma

Querido _____

_____

_____

_____

_____

_____

_____

_____

     Firma

Querido _____

_____

_____

_____

_____

_____

_____

     Firma

Querido _____

_____

_____

_____

_____

_____

_____

_____

Firma

La mejor ayuda que le podemos dar es la de confiar en sus habilidades. Saber que tiene la capacidad y la fuerza para salir adelante. Cuando confío en la otra persona, le entrego su poder.

Afirmaciones

Amar a una persona no es cargar con sus problemas.
Cada quien crea su realidad.
Yo sólo soy responsable de mi realidad.
Tú tienes tu historia y yo tengo la mía.

Anota las afirmaciones con las que vas a trabajar. Escoge una de las anteriores o crea la tuya propia.

_____

_____

_____

_____

_____

Perdón

Perdonar nos permite transitar por la vida más ligeros de equipaje. Entonces podemos soltar lo que nos hace infelices para enfocarnos en lo que nos da bienestar y alegría.

Preguntas para reflexionar

	F	A	C
1. ¿Recuerdo los agravios que he recibido?	☐	☐	☐
2. ¿Los repaso en mi memoria y los alimento?	☐	☐	☐
3. ¿Me cuesta trabajo perdonar?	☐	☐	☐
4. ¿Soy rencoroso?	☐	☐	☐
5. ¿Soy vengativo?	☐	☐	☐
6. ¿Me cuesta dificultad disculparme con otros?	☐	☐	☐
7. ¿Pienso que me rebajo cuando me disculpo?	☐	☐	☐
8. ¿Dicen que soy duro?	☐	☐	☐
9. ¿Juzgo y condeno a los demás?	☐	☐	☐
10. ¿Soy exigente e intolerante con los demás?	☐	☐	☐
11. ¿Soy severo conmigo mismo? ¿Soy mi peor juez?	☐	☐	☐
12. ¿Tengo dificultad para perdonarme?	☐	☐	☐

Frecuentemente, **A** veces, **C**asi nunca

Perdonar a los demás

El perdón es un acto de amor. Cuando perdono reconozco la parte humana del otro. Entiendo que todos podemos equivocarnos y acepto el error como un medio de aprendizaje.

¿A quiénes aún tengo que perdonar?

_____

_____

_____

El primer paso para perdonar es *comprender por qué lo hicieron*. Yo puedo comprender por qué un hombre humilla a su hijo, si sé que él sufrió vejaciones en su infancia aún peores. Entonces, entiendo que sus heridas lo llevan a tener ese comportamiento. En este caso, puedo perdonar el por qué lo hace, aunque no pueda perdonar el abuso en sí.

Busca la causa y empatiza con los que te han lastimado. Consulta con otras personas para que te ayuden a comprender por qué actuó de esa manera. Si es necesario y puedes, habla directamente con la persona que te afectó. Pregúntale por qué lo hizo, pero ábrete a escuchar. Haz un esfuerzo por hacer a un lado tus recriminaciones y trata de comprender.

Y si aún no estás listo para perdonar lo que te hicieron, está bien. Hay heridas que sólo logramos perdonar el *por qué*, más no el *qué*.

Perdonarme a mí mismo

Pero lo más difícil es perdonarme a mí mismo. No me doy cuenta qué duro puedo ser. Y esta falta de perdón se refleja en la actitud que tengo hacia los demás. Porque si soy severo conmigo mismo, me convierto en un juez duro y castigador con los demás. Quiero que paguen por sus faltas y caro. Lo que no tomo en cuenta es que cuando no perdono a otros, me lastimo a mí mismo y yo termino siendo el más afectado.

En cambio cuando puedo perdonarme, porque reconozco que la perfección no existe, entonces puedo también perdonar a otros. Soy más flexible y tolerante, más compasivo y amoroso.

¿Qué cosas aún no perdono de mí mismo?

❑ Que he lastimado a otras personas (humillado, gritado, golpeado).
❑ Que he manipulado, controlado, amenazado, castigado.
❑ Que he criticado o juzgado.
❑ Que he culpado a otros por mis sufrimientos.

❏ Que me he lastimado a mí mismo (descuido mi cuerpo, fumo, bebo, me drogo, tengo sobrepeso, anorexia, bulimia, etcétera).

❏ Que he sido irresponsable.

❏ Otros

_____

_____

_____

El primer paso para perdonarme es sentir **remordimiento** por haber lastimado a otros o haberme lastimado a mí mismo. Tener remordimiento significa sentir una pena profunda por haber fallado y esto me impulsa a querer cambiar. A decir: "Nunca más. Esto no lo quiero volver a repetir jamás."

El remordimiento duele, y por eso muchas veces le huimos en el afán de no sentirlo. Entonces nos anestesiamos sintiendo en vez culpa, que nos deja pasmados, un estado incómodo pero que no nos lleva a dar el siguiente paso para asumir nuestra responsabilidad. La culpa es pariente de la vergüenza, la manipulación y el chantaje. Nos hace sentir infames e impotentes, sin esperanza de merecer algún día ser perdonados. Nos dice sin palabras: "No tienes remedio."

El remordimiento, en cambio, me confronta con mis errores y me mueve a querer cambiar para ser una mejor persona. Después de sentir remordimiento es importante perdonarme. Esto significa que reconozco que soy humano y que puedo fallar. Quiere decir que acepto mis debilidades y que mis errores son parte de mi aprendizaje. Una vez que me perdono puedo dar el siguiente paso para tomar mi responsabilidad.

Tomar mi responsabilidad implica asumir las consecuencias de mis actos y disculparme si lastimé a otros.

Resumiendo, los 4 pasos para cambiar son:

1. Reconocer mi error.
2. Sentir remordimiento.
3. Perdonarme.
4. Tomar mi responsabilidad.

Afirmaciones

Cuando perdono a los demás, me libero.
Yo puedo equivocarme y nunca perderé el amor.
Se vale equivocarse.
Yo me trato con suavidad y amor.
Yo me amo y me perdono.

Anota las afirmaciones con las que vas a trabajar. Escoge una de las anteriores o crea la tuya propia.

_____

_____

_____

_____

_____

Integridad

¿Coincide lo que pienso con lo que digo? ¿Actúo de acuerdo con lo que pienso y siento?

Cuando no coinciden mis pensamientos, mis sentimientos y mis acciones, las energías se contraponen y me desintegro.

Preguntas para reflexionar

	F	A	C
1. ¿Me importa el qué dirán?	☐	☐	☐
2. ¿Me esfuerzo por gustarle a las personas?	☐	☐	☐
3. ¿No los contradigo para no caer mal?	☐	☐	☐
4. ¿Me quedo callado cuando no estoy de acuerdo?	☐	☐	☐
5. ¿Le sigo la corriente a los demás?	☐	☐	☐
6. ¿Les doy la razón aunque no esté de acuerdo?	☐	☐	☐
7. ¿Me falta valor para defender mis puntos de vista?	☐	☐	☐
8. ¿Me gusta ser parte del consenso?	☐	☐	☐
9. ¿Prefiero ser simpático que diferente?	☐	☐	☐
10. ¿Actúo por impulso sin pensar en las consecuencias?	☐	☐	☐
11. ¿Digo lo que me conviene aunque no sea lo que realmente pienso?	☐	☐	☐
12. ¿Respondo sin tomar en cuenta mis sentimientos?	☐	☐	☐
13. ¿Disculpo y justifico mis mentiras?	☐	☐	☐
14. ¿Digo lo que los demás quieren escuchar aunque no sea lo que siento?	☐	☐	☐
15. ¿Niego mis emociones (digo que estoy contento cuando no lo estoy)?	☐	☐	☐

Frecuentemente, **A** veces, **C**asi nunca

Tu primera obligación es hacia ti mismo. Antes que considerar a los demás tienes que tomar en cuenta y honrar tus emociones. Honrar tus emociones significa reconocerlas y sentirlas. Darles un lugar. Pregúntate:

¿Qué es lo que pienso?
¿Cómo me hace sentir esta situación?
¿Cuál sería una respuesta congruente con lo que siento y pienso?

Después de responder considera las siguientes preguntas:

¿Hablé desde mi verdad?
¿Tomé en cuenta mis emociones?
¿Actué de acuerdo con lo que pienso y siento?

➡ Ejercicio

- Ejemplo de incongruencia:

Situación: Mi cuñada me pide dinero prestado.

Qué pienso	*Mi cuñada necesita valerse por sí misma*
	¿Por qué no busca un trabajo?
Qué siento	*Miedo. Si no se lo presto puedo perder su cariño*
Qué digo	*"Está bien, te lo presto"*
Qué hago	*Le presto el dinero*

La incomodidad que sentimos cuando no somos íntegros es un indicador de que lo que estamos haciendo está equivocado. Ese malestar nos hace saber que estamos desalineados con nuestra verdad, y con quienes somos en ese momento.

- Ejemplo de integridad:

Situación: Mi cuñada me pide dinero prestado.

Qué pienso	*Mi cuñada necesita valerse por sí misma*
	Si le presto el dinero estaré recortada
Qué siento	*Miedo a perder su cariño*
Qué digo	*Siento mucho no poder prestarte el dinero, pero*
	¿de qué otra manera puedo ayudarte?
Qué hago	*No le presto el dinero*

El sentir miedo no debe detenerme de hacer lo que considero correcto. El valiente no es el que no tiene miedo, sino el que actúa a pesar de su miedo.

- Ejemplo de incongruencia:

Situación: Unas personas critican a mi amiga.

Qué pienso	*Lo que dicen no es cierto*
Qué siento	*Incomodidad, miedo a contradecirlas y a ser rechazada*
Qué digo	*Me quedo callada*
Qué hago	*Permanezco con ellos*

- Ejemplo de integridad:

Situación: Unas personas critican a mi amiga.

Qué pienso	*Lo que dicen no es cierto*
Qué siento	*Enojo, miedo a contradecirlas y a ser rechazada*
Qué digo	*"Lo que están diciendo no es cierto. Me enoja que la critiquen. Si continúan prefiero retirarme"*
Qué hago	*Como ignoran mi petición, me retiro*

- Ejemplo de incongruencia:

Situación: Mi hijo deja su ropa tirada.

Qué pienso	*Es su responsabilidad recogerla*
Qué siento	*Enojo, frustración*
Qué digo	*Me quejo: "Siempre tengo que levantar tus cosas"*
Qué hago	*Yo recojo su ropa*

- Ejemplo de integridad:

Situación: Mi hijo deja su ropa tirada.

Qué pienso	*Es su responsabilidad recogerla*
Qué siento	*Enojo, frustración*
Qué digo	*"Cuando dejas tu ropa tirada, me siento enojada"*
Qué hago	*Dejo que él la recoja*

Cuando alineamos nuestros pensamientos con nuestras emociones y nuestras acciones estamos siendo íntegros, y aunque en el momento estemos incómodos, después nos sentimos bien con nosotros mismos por haber sido congruentes.

Revisa algunas situaciones que hayas vivido últimamente y anota:

Situación _____

Qué pensé _____

Qué sentí _____

Qué dije _____

Qué hice _____

¿Actué con integridad? _____

Situación _____

Qué pensé _____

Qué sentí _____

Qué dije _____

Qué hice _____

¿Actué con integridad? _____

Situación _____

Qué pensé _____

Qué sentí _____

Qué dije _____

Qué hice _____

¿Actué con integridad? _____

Situación _____

Qué pensé _____

Qué sentí _____

Qué dije _____

Qué hice _____

¿Actué con integridad? _____

Afirmaciones

Yo hablo de acuerdo con mi verdad.
Yo vivo de a cuerdo con mis principios.
Yo elijo ser íntegro.
Yo alineo lo que pienso con lo que digo y hago.

Anota las afirmaciones con las que vas a trabajar. Escoge una de las anteriores o crea la tuya propia.

_____

_____

_____

_____

_____

Compromiso

En su sentido más elevado, el compromiso es un acuerdo que tengo conmigo mismo de crecer y ser mejor, de estar consciente de que yo creo mi propia realidad, y por lo tanto, no puedo culpar a los demás por lo que me ocurre. Cuando asumo esta responsabilidad me comprometo con la vida y me convierto en un adulto, en todo el sentido de la palabra.

Preguntas para reflexionar

	Si	No
1. ¿Me asustan los compromisos?	☐	☐
2. ¿La palabra compromiso me parece limitante?	☐	☐
3. ¿Temo perder mi libertad si me comprometo?	☐	☐
4. ¿Los compromisos me sofocan, me ahogan?	☐	☐
5. ¿Tiendo a comprometerme pero no cumplo?	☐	☐
6. ¿Le huyo a los compromisos?	☐	☐
7. ¿Mis relaciones son superficiales?	☐	☐
8. ¿Huyo de las relaciones cuando se ponen "serias"?	☐	☐
9. ¿Le temo a la intimidad?	☐	☐
10. ¿Me disgusta sentirme comprometido?	☐	☐
11. ¿Prefiero recibir que dar?	☐	☐
12. ¿Prefiero no recibir con tal de no sentirme comprometido a corresponder?	☐	☐
13. ¿Cuando me siento comprometido me siento endeudado?	☐	☐
14. ¿Me pesan mis compromisos?	☐	☐
15. ¿Suelo decir: "Voy a tratar pero no me comprometo"?	☐	☐

Es el *adolescente* dentro de cada uno de nosotros el que le teme al compromiso y a la responsabilidad. Porque como cualquier adolescente, sólo le interesa divertirse y pasarla bien. No quiere compromisos en sus relaciones, pues piensa que perderá su libertad.

Pero es el *adulto maduro* el que sabe que uno puede comprometerse en una relación sin dejar de ser libre. Una pareja que se compromete a honrarse el uno al otro, es decir, a respetarse, amarse y tomarse en cuenta, no se priva de ser libre para expresar, para crecer, para crear, en una palabra, para ser ellos mismos. Sino, en vez de estar comprometidos, están sometidos. Ahí sí, efectivamente, pierden su libertad.

El *adolescente* también ve el trabajo como tarea tediosa que sólo le corresponde a los adultos y que él tiene que evitar a toda costa. Identifica a los adultos con el aburrimiento y la monotonía, y por lo tanto, no desea madurar. Quiere permanecer por siempre joven.

Este *adolescente interno* tiene un lugar dentro de cada uno de nosotros, pero si dejamos que tome el control de nuestras vidas, estaremos en graves problemas. Podremos ser muy simpáticos y joviales pero nuestra irresponsabilidad terminará afectando negativamente nuestras vidas.

➡️ Ejercicio: Conociendo a mi adolescente interior

Cierra los ojos e imagina que estás en un lugar muy bello. Puede ser una pradera, un bosque, la playa, cualquier lugar donde te sientas seguro. Imagínate que a lo lejos ves a tu *adolescente*. Está muy ocupado haciendo algo que le divierte. Obsérvalo. A la mejor está escuchando música, chateando por Internet o viendo la televisión. Salúdalo y dile que has venido a visitarlo. Dile que quieres conocerlo mejor y que te gustaría pasar un rato con él. Que estás aquí para darle gusto. Deja que él dirija la interacción.

Cuando estés listo despídete y dile que regresarás a visitarlo de nuevo.

Ésta es sólo una sugerencia. Puedes usar tu imaginación para entrar en contacto con él de muchas maneras y tan seguido como quieras. Entre mejor lo conozcas, más fácil te será darte cuenta cuando está interfiriendo en tu vida. Es decir, cuando en vez de responder como adulto, estás respondiendo desde tu adolescente.

¿Cómo sabes que es tu adolescente el que se está inmiscuyendo en tu vida adulta?

A través de observar:

1. Cuando sientes resistencia a comprometerte.
2. Cuando no quieres tomar tu responsabilidad.
3. Cuando huyes de situaciones que te confrontan.

Para reubicarlo te recomiendo el siguiente ejercicio.

➡ Ejercicio: Cuidando de mi adolescente interior

Cierra los ojos y ve a un lugar en la naturaleza donde te sientas seguro. Llama a tu *adolescente interior* y deja que se exprese. Escucha sus quejas y miedos. Cuando termine consuélalo y dile: "Está bien que tú sólo quieras divertirte y pasarla bien. Se vale. Tienes mi permiso para hacer todo lo que te gusta y pasarla muy bien. Tú eres un adolescente y yo estoy aquí para hacerme cargo de ti. Yo soy un adulto maduro y con juicio, y puedo dirigir mi vida. A mí me corresponde tomar las decisiones importantes que hagan falta."

Abrázalo y observa cómo se relaja.

Cuando le damos atención a nuestro *adolescente interior* y lo ubicamos en el lugar que le corresponde, entonces dejará de intervenir, y será el *adulto maduro* el que dirija nuestras vidas.

En qué situaciones tengo mayor dificultad para comprometerme:

❑ con mis hijos

❑ en el trabajo
❑ con mi pareja
❑ en mis relaciones amorosas
❑ con mis amistades

❑ con mi trabajo interno

❑ otros _____

¿En qué áreas de mi vida quisiera estar más comprometido?

_____
_____
_____
_____

¿En qué áreas de mi vida necesito tomar mayor responsabilidad?

_____
_____
_____
_____

Pero hay momentos en que sí puedes incluir a tu adolescente interior, por ejemplo, en una fiesta. Él puede darte buenas ideas de cómo ser divertido. Anota tres cosas nuevas que puedes incluir en tu vida para ser más divertido:

1. _____

2. _____

3. _____

Afirmaciones

Mi primer compromiso es hacia mí mismo.

Yo tengo un compromiso con mi crecimiento personal.

Yo me comprometo a crecer y evolucionar.

Yo me comprometo a alimentar y nutrir mi cuerpo, mi mente y mi espíritu.

Yo me comprometo a honrar mis emociones.

Anota las afirmaciones con las que vas a trabajar. Escoge una de las anteriores o crea la tuya propia.

_____

_____

_____

_____

_____

SABER RECIBIR

Nada nos limita más que no saber recibir. Cuando no sabemos recibir nosotros mismos nos cerramos la puerta a la abundancia económica, a la abundancia de amor y a la abundancia de alegría y de placer. Sin palabras le decimos a la vida: "No quiero, no me des más." Y después nos quejamos de la escasez.

Obsérvate la próxima vez que recibas algo y contesta a las siguientes preguntas.

Cuando recibo algo

	F	A	C
1. ¿Me siento incómodo?	☐	☐	☐
2. ¿Me siento apenado?	☐	☐	☐
3. ¿Me siento obligado?	☐	☐	☐
4. ¿Me siento culpable?	☐	☐	☐
5. ¿Siento desconfianza?	☐	☐	☐

Frecuentemente, **A** veces, **C**asi nunca

Si contestaste frecuentemente a cualquiera de las preguntas anteriores, tienes dificultad para recibir.

Cuando nos cuesta recibir es porque pensamos que no lo merecemos. Como seres humanos y espirituales que somos merecemos todo, merecemos lo mejor. Cuando hay falta de merecimiento es porque tenemos creencias equivocadas en relación con nuestro valor y dignidad. Por lo tanto, hay que revisar nuestros pensamientos y sentimientos cuando recibimos:

Sentimiento	**Pensamiento**
Me siento incómodo	Yo no merezco tanto.
Me siento apenado	¿Por qué me lo estará dando a **mí**?
Me siento obligado	No me gusta sentirme endeudado.

Me siento culpable	Me siento mal porque no sé si le puedo corresponder.
Siento desconfianza	¿Por qué me lo estará dando? ¿Qué quiere de mí?

➡ **Ejercicio**

Ejemplo:

Cuando recibí _____ *el cumplido de mi cuñada de que cocino rico,*

me sentí _____ *incómoda y no le creí*

Cuando recibí _____

me sentí _____

Cuando recibí _____

me sentí _____

Cuando recibí _____

me sentí _____

Cuando recibí _____

me sentí _____

Cuando recibí _____

me sentí _____

Cuando recibí _____

me sentí _____

Cuando recibí _____

me sentí _____

Antídoto

El antídoto a la falta de merecimiento es la **gratitud**. Cuando nos sentimos agradecidos le abrimos las puertas a la abundancia. Cada vez que recibas algo, ya sea un cumplido, un regalo, un servicio, agradécele a la persona, pero también al Universo. Internamente repite:

> Gracias, gracias por esto que recibo.
> Yo sé que merezco esto y más.
> Me abro a recibir todo lo que la vida me quiera dar.

Recuerda que el autoaprecio no tiene nada que ver con la arrogancia. Cuando reconocemos nuestro valor, estamos reconociendo nuestras partes más elevadas. Cuando lo negamos, nos devaluamos y nos sentimos no merecedores.

Anota diez cosas que agradeces a la vida:

1. _____
2. _____
3. _____
4. _____
5. _____
6. _____
7. _____
8. _____
9. _____
10. _____

Afirmaciones

Yo valgo y merezco lo mejor.
Me abro a la abundancia.
Yo soy abundante en todos los sentidos.
Yo agradezco y valoro todo lo que recibo.

Anota las afirmaciones con las que vas a trabajar. Escoge una de las anteriores o crea la tuya propia.

_____

_____

_____

_____

_____

Alegría y diversión

La alegría es un componente muy importante en nuestras vidas. Nos mantiene en una resonancia elevada de optimismo y bienestar que atrae todo lo bueno que deseamos.

Preguntas para reflexionar

	F	A	C
1. ¿Me considero una persona alegre?	☐	☐	☐
2. ¿Tiendo a ser positivo y optimista?	☐	☐	☐
3. ¿Tengo sentido de humor?	☐	☐	☐
4. ¿Me río de mí mismo?	☐	☐	☐
5. ¿Busco conscientemente actividades que me ponen contento?	☐	☐	☐
6. ¿Me rodeo de personas positivas?	☐	☐	☐
7. ¿Disfruto las comedias?	☐	☐	☐
8. ¿Soy entusiasta?	☐	☐	☐
9. ¿Siento pasión por mi trabajo?	☐	☐	☐
10. ¿Me dicen que soy "muy serio"?	☐	☐	☐
11. ¿Me siento culpable cuando me divierto?	☐	☐	☐
12. ¿Me parecen simples las personas que se ríen de todo?	☐	☐	☐
13. ¿Considero superficiales a las personas que siempre buscan cómo divertirse?	☐	☐	☐

Frecuentemente, **A** veces, **C**asi nunca

¿Qué actividades me producen alegría?	¿Qué tan seguido las hago?
1. _____	_____
2. _____	_____
3. _____	_____
4. _____	_____
5. _____	_____

Si encuentras que no haces tan seguido aquello que te da alegría, pregúntate ¿por qué? Quizás piensas que sólo te pueden dar alegría actividades que cuestan caro, como un viaje o unas vacaciones en el extranjero, o que son complicadas, como ir de campamento. Ignoras que en las cosas pequeñas, cotidianas de la vida está la alegría, y que sólo necesitas conscientemente conectarte con ellas.

Una manera muy fácil para contactar nuestra alegría es a través de recordar lo que nos gustaba hacer cuando éramos niños. Porque el niño naturalmente busca estar contento. Es atraído como un imán hacia los juegos y actividades que lo divierten y le producen placer.

➡ Ejercicio

Busca una fotografía tuya de cuando eras niño, alrededor de los seis años. Observa la fotografía y trata de recordar. ¿Qué te gustaba hacer de niño?

Mi niño interior

Aunque ya seas un adulto, ese niño que eras aún sigue viviendo dentro de ti. Es una parte importante tuya, es tu *niño interior*. Él recuerda cómo divertirse, cómo jugar y pasarla bien. Puedes entrar en contacto con tu *niño interior* de una manera muy sencilla, a través del ejercicio siguiente.

➡ Ejercicio: Conociendo a tu niño interior

Cierra los ojos e imagina que estás en un lugar muy bello. Puede ser una pradera, un bosque, la playa. Cualquier lugar donde te sientas seguro. Imagínate que a lo lejos ves a un niño como de seis años. Te acercas y para tu sorpresa eres tú de niño. Ves que está muy ocupado haciendo algo que le divierte. Salúdalo y dile que has venido a visitarlo. Dile que quieres preguntarle cuáles son sus juegos favoritos. Si te sientes confortable, puedes jugar con él, abrazarlo y decirle que quieres incluirlo más seguido en tu vida. Despídete.

Ésta es sólo una sugerencia. Puedes usar tu imaginación para entrar en contacto con él de muchas maneras y tan seguido como quieras.

Tomando en cuenta a tu *niño interior,* anota tres cosas nuevas divertidas que puedes incluir en tu vida para ser más feliz.

1. _____

2. _____

3. _____

Este *niño interior* es una parte importante dentro de ti, pero eso **no quiere decir que puedas dejar que él dirija tu vida**. Recuerda que es un niño y se comporta como tal. Dejar que tome decisiones es como permitir que un niño conduzca un automóvil.

¿Cómo puedes reconocer cuando es tu *niño interior* el que está reaccionando en vez de tu *adulto maduro?* Puedes identificarlo tomando en cuenta lo siguiente.

Tres características del *niño interior*:

- *Quiere atención constante.* Busca ser siempre el centro de atención.
- *Siempre quiere más.* No importa cuando le des, nunca está satisfecho.
- *No le gustan los cambios.* Para sentirse seguro quiere que las cosas permanezcan como están. Le afectan las muertes, separaciones, divorcios, cambios de trabajo, etcétera. No quiere perder a las personas, aunque se trate de relaciones abusivas.

Así que cuando te des cuenta que estás buscando atención constante, te sientas insatisfecho no importa cuánto recibas, y te resistas a los cambios, seguramente es tu *niño interior* el que está reaccionando y no tu adulto maduro.

Si estás pasando por cambios importantes en tu vida, o estás en crisis, ¿qué puede suceder si no reconoces que es tu *niño interior* el que está reaccionando, y le haces caso? ¿Si permaneces en una situación de abuso porque tu *niño interior* tiene miedo? ¿Si no das pasos importantes para crecer y avanzar, porque él está asustado? ¿Si dejas que maneje tu dinero?

Para identificar cuando es tu *niño interior* el que está reaccionando, puedes hacer el siguiente ejercicio.

➡ Ejercicio: Comprendiendo a tu niño interior

Cierra los ojos y ve a un lugar en la naturaleza donde te sientas seguro. Llama a tu niño interior y deja que se exprese. Escucha sus quejas y miedos. Cuando termine consuélalo: "Yo soy un adulto maduro y responsable y estoy aquí para cuidarte. Nada te puede pasar mientras yo esté a cargo. Yo soy fuerte y te voy a proteger." Abrázalo y observa cómo se relaja.

¿De qué se queja?

_____

_____

_____

_____

¿A qué le tiene miedo?

_____

_____

_____

_____

¿Qué le enoja?

_____

_____

_____

_____

¿Qué le gustaría cambiar?

_____

_____

_____

_____

_____

¿Qué necesita para sentirse más seguro?

_____

_____

_____

_____

_____

Cuando le das atención a tu *niño interior* lo ubicas en el lugar que le corresponde, y entonces deja a tu *adulto maduro* libre para tomar las decisiones que convienen.

Al *niño interior* le gusta jugar y divertirse, pero es el adulto maduro el que siente pasión y entusiasmo por vivir.

¿Qué me produce pasión y entusiasmo en mi vida?
¿Por qué actividades siento pasión?

_____

_____

_____

_____

Si no tienes pasión, estás viviendo una vida insípida, carente de verdadero significado. Es la pasión la que nos da una razón de ser, pues nos permite experimentar la vida en toda su plenitud; es el motor que nos impulsa a dar lo mejor de nosotros mismos.

Si no tienes pasión en tu vida, busca actividades que te entusiasmen y haz un esfuerzo consciente por despertarla.

Reflexiones

Recuerda que tu felicidad sólo depende de ti. Deja de culpar a los demás por tus desgracias y toma tu responsabilidad. No tiene que cambiar tu situación o las personas que te rodean para que tú puedas tener alegría en tu vida. ¡Tener alegría y sentir pasión por vivir son una elección!

➡ Ejercicios

- Encuentra alegría en las cosas pequeñas de tu vida, dale un nuevo significado a los detalles cotidianos que has dejado pasar inadvertidos.

  Escribe 5 cosas sencillas que puedes disfrutar de manera consciente en tu vida diaria.

  1. _____
  2. _____
  2. _____
  4. _____
  5. _____

- Enfócate en lo positivo que hay en tu vida y multiplicarás tu alegría.

- Proponte diariamente hacer algo que te divierta.

- Visita regularmente a tu niño interno y dale atención, seguridad y cariño.

- Agradece todo lo bueno que tienes en tu vida y vincúlalo con tu alegría, entonces probarás lo que es la felicidad (*Sincronía en tu vida*, pág. 117).

Afirmaciones

Nada ni nadie puede quitarme la alegría de vivir.
Yo encauzo mis pensamientos para estar contento.
Yo soy responsable de mi alegría.
Yo vivo con pasión.
Yo elijo ser feliz.

Anota las afirmaciones con las que vas a trabajar. Escoge una de las anteriores o crea la tuya propia.

_____

_____

_____

_____

_____

EQUILIBRIO

Es importante equilibrar tu trabajo interior con el contacto que tienes con el mundo exterior. Cuando no hay ese equilibrio corres el peligro de aislarte o de perderte en el mundanal ruido.

Preguntas para reflexionar

	F	A	C
1. ¿Disfruto de la compañía de los demás?	☐	☐	☐
2. ¿Soy abierto?	☐	☐	☐
3. ¿Me es fácil hacer contactos nuevos?	☐	☐	☐
4. ¿Veo en mis relaciones oportunidades de crecimiento personal?	☐	☐	☐
5. ¿Mi agenda está llena de actividades sociales?	☐	☐	☐
6. ¿Busco momentos para reflexionar?	☐	☐	☐
7. ¿Disfruto estar solo?	☐	☐	☐
8. ¿Me agobia la soledad?	☐	☐	☐
9. ¿Me siento triste cuando estoy solo?	☐	☐	☐
10. ¿Dependo de otros para sentirme bien?	☐	☐	☐

Frecuentemente, **A** veces, **C**asi nunca

¿Qué actividades sociales tengo?

_____

_____

_____

_____

¿Qué actividades me gusta hacer solo?

_____

_____

_____

_____

¿Hay un equilibrio entre el tiempo que dedico a estar con otros y el tiempo que me dedico a mí mismo?　　☐ Sí　　　　☐ No

Si no lo hay ¿qué puedo hacer para encontrar ese equilibrio?

_____

_____

_____

_____

Reflexión

Mi vida interna se alimenta de mis experiencias externas.
Mi vida externa depende de mi trabajo interno.
El uno nutre al otro.

Afirmaciones

Elijo vivir con bienestar.
Yo soy responsable de encontrar el equilibrio en mi diario vivir.

Anota las afirmaciones con las que vas a trabajar. Escoge una de las anteriores o crea la tuya propia.

_____

_____

_____

_____

SOLTAR

Asumimos muchas veces en nombre del amor, obligaciones y responsabilidades que no nos corresponden.

Preguntas para reflexionar

	F	A	C
1. ¿Sobreproteges a tus hijos?	☐	☐	☐
2. ¿Le resuelves sus asuntos a tu pareja?	☐	☐	☐
3. ¿Tomas responsabilidades sin tomar en cuenta tus límites?	☐	☐	☐
4. ¿Estás agobiado y cansado?	☐	☐	☐
5. ¿Te sientes orgulloso de que otros dependan de ti?	☐	☐	☐
6. ¿Les haces las cosas para asegurarte que salgan bien?	☐	☐	☐
7. ¿Te sientes culpable cuando dices que no?	☐	☐	☐
8. ¿Cargas con las culpas de los demás?	☐	☐	☐
9. ¿Te enfermas?	☐	☐	☐
10. ¿Tienes dolores de espalda o sensación de pesadez en los hombros?	☐	☐	☐
11. ¿Te encorvas?	☐	☐	☐
12. ¿Te gusta sentirte necesitado?	☐	☐	☐
13. ¿Desconfías de las habilidades de los demás?	☐	☐	☐
14. ¿Te sientes indispensable?	☐	☐	☐
15. ¿Piensas que eres más capaz y mejor hecho que los demás?	☐	☐	☐
16. ¿Piensas que si no haces tú las cosas, nadie más las hará?	☐	☐	☐

Frecuentemente, **A** veces, **C**asi nunca

Nuestras intenciones pueden parecer inicialmente buenas: quiero ayudar, quiero ser útil, quiero ser generoso, quiero ser servicial.

Pero es necesario revisar qué hay realmente detrás de estas supuestas "buenas" intenciones.

Mi motivación cuando hago las cosas por los demás es:
Marca aquellas con las que te identifiques:

❑ Controlar
A través de cargar con sus responsabilidades es que los controlo. Yo soy el fuerte, ellos los débiles. Me siento seguro cuando hacen lo que yo quiero.

❑ Sentirme indispensable
Me necesitan. No pueden estar sin mí. "Si no lo hago yo, no lo hace nadie."

❑ Sentirme amado
Si les resuelvo la vida, seguramente me querrán más. Cargando con sus responsabilidades me aseguro el amor.

❑ Sentirme importante
Me gusta la atención que recibo cuando dependen de mí. Me gusta sentirme importante, que me admiren y me agradezcan.

❑ Asegurarme que se hagan bien las cosas
Desconfió de los demás. Nadie hace las cosas como yo que soy perfeccionista. Cuando yo me encargo, las cosas salen bien.

❑ Que dependan de mí
Si les hago falta, me aseguro de que nunca me quedaré solo.

❑ No sentirme culpable
Me siento culpable cuando digo que no. Prefiero decir que sí, a sentirme culpable.

Ninguna de estas intenciones es buena. Nos engañamos diciéndonos que lo hacemos por su bien, pero no es así. Lo hacemos por razones egoístas pero, lo peor es que los invalidamos pues les decimos sin palabras: eres débil, no confío en ti, quiero que estés endeudado conmigo, etcétera. *Manipulamos en nombre del amor.*

Amar no significa asumir las cargas de los demás. Cada quien tiene su propia vida y sus propias responsabilidades. Cuando dejas de identificarte con ellos, los liberas y cada quien toma su poder.

¿A qué personas necesitas soltar? ¿A qué personas has invalidado?

Nombre _____

¿Qué responsabilidad de él asumo que no me corresponde? _____

_____

_____

_____

_____

Nombre _____

¿Qué responsabilidad de él asumo que no me corresponde? _____

_____

_____

_____

_____

Nombre _____

¿Qué responsabilidad de él asumo que no me corresponde? _____

_____

_____

_____

_____

Nombre _____

¿Qué responsabilidad de él asumo que no me corresponde? _____

_____

_____

_____

_____

Nombre _____

¿Qué responsabilidad de él asumo que no me corresponde? _____

_____

_____

_____

_____

Antídotos

Regrésales su responsabilidad y su poder. Para ello te ofrezco esta visualización que es muy sencilla y rápida, pero muy efectiva. Hazlo con aquellos cuyas responsabilidades has cargado equivocadamente.

➡ Ejercicio: El regalo

Cierra los ojos e imagínate a la otra persona parada frente a ti. Ahora entrégale un hermoso regalo, bellamente envuelto. Ponlo en sus manos y dile: "Te entrego la responsabilidad de tu vida. Te regreso tu poder." Sonríe, siente el alivio de soltar lo que no te corresponde.

Me sorprendió que la primera vez que hice este ejercicio entregué solamente un regalo, pero para las siguientes, ya tenía a un grupo completo esperando. ¡Se convirtió en una verdadera fiesta! No me había dado cuenta de cuántas personas pensaba yo que era responsable.

Ahora, cuando estoy con alguien y siento el impulso de meterme en lo que no me importa, me visualizo inmediatamente entregándole su regalo. Es un recordatorio muy práctico de que cada quien tiene su propia vida, y que no le hago ningún favor tomando lo que no es mío. Si dejáramos de meternos en las vidas de los demás, y en cambio, nos ocupáramos de las nuestras, definitivamente que viviríamos en un mejor mundo.

Secuencia de afirmaciones

Tú puedes amar a una persona sin que por eso tengas que identificarte con ella.

Repite la siguiente progresión de afirmaciones en voz alta para soltar a las personas con las cuales te has identificado. Puede ser tu padre, tu madre, hijos, pareja. Sigue la secuencia en forma circular siguiendo las flechas.

Repetirla de esta manera varias veces cambiará tu resonancia.

Respeto tu historia y respeto tu camino.
Tu historia y tu camino no reflejan los míos.

Esta es mi vida.
Este es mi camino.
Esta es mi historia.

Tu camino no es el mío.
Tu historia no es la mía.

Doy gracias por mi historia y por mi camino.

Yo tengo mi propia historia.
Yo tengo mi propio camino.

Y mi propio camino.
Me gusta tener mi propia historia.

Me gusta tener mi propia historia.
Y mi propio camino.

Yo tengo mi propio camino.
Yo tengo mi propia historia.

Doy gracias por mi historia y por mi camino.

Tu historia no es la mía.
Tu camino no es el mío.

Esta es mi historia.
Este es mi camino.
Esta es mi vida.

Tu historia y tu camino no reflejan los míos.
Respeto tu historia y respeto tu camino.

Esta secuencia de afirmaciones está basada en el libro *Sincronía en tu vida,* p. 190 y 191.

INTERDEPENDENCIA

El controlador y el dependiente son dos caras de la misma moneda. Uno necesita del otro. Y aunque el controlador nos pueda parecer fuerte y en dominio de sí mismo, la verdad es que también es dependiente: encuentra su seguridad a través de controlar. Y el dependiente busca su sentido de valoración a través del controlador. Ambos tienen baja autoestima pues buscan en el otro lo que deberían encontrar en sí mismos.

Codependencia

Dependo de los demás para satisfacer mis necesidades emocionales.
Manipulo para obtener lo que quiero.
No me considero lo suficientemente bueno.
Tapo mis errores.
Tengo baja autoestima.

Controlador		**Dependiente**
Me siento seguro cuando te controlo	⮕ ⬅	Cuando me someto me siento seguro
Yo valgo porque me necesitas	⮕ ⬅	Yo valgo porque estoy contigo
Cuando me necesitas soy importante	⮕ ⬅	Cuando me ayudas me siento importante
Siento mi fuerza cuando te controlo	⮕ ⬅	Soy débil y te necesito
Me alimento de tu dependencia	⮕ ⬅	Necesito tu apoyo

Opresor
Relación paternalista

Oprimido
Relación infantil

Pregunta clave: Pregunta clave:
¿Quiero soltar?   **¿Quiero crecer?**

Interdependencia
Punto de equilibrio

Adulto maduro
Alta autoestima

Mi seguridad está en mí mismo.
Yo sé que valgo.
Me acepto íntegramente con mis fortalezas y mis limitaciones.
Yo satisfago mis necesidades emocionales.
Me relaciono por preferencia y no por necesidad.
Honro tanto mis necesidades como las tuyas.
Soy libre para ser yo mismo.
Te dejo en libertad de ser tú mismo.
Me responsabilizo de mi felicidad.
Te libero de tratar de hacerme feliz.
Crezco a través de mis relaciones.
Me puedo equivocar.

¿De quién soy codependiente? _____

¿De qué manera somos codependientes? _____

_____

_____

_____

_____

¿De quién soy codependiente? _____

¿De qué manera somos codependientes? _____

_____

_____

_____

_____

¿De quién soy codependiente? _____

¿De qué manera somos codependientes? _____

_____

_____

_____

_____

¿De quién soy codependiente? _____

¿De qué manera somos codependientes? _____

_____

_____

_____

_____

Si quieres tomar la responsabilidad de tu vida, tienes que dejar de ser codependiente para ser interdependiente. Eso quiere decir que cuando te relacionas es por preferencia, en vez de por necesidad. Es distinto elegir tener una pareja porque así lo prefieres, a estar con ella porque la necesitas. En la primera situación eres libre, en la segunda no. En la primera te responsabilizas de tu felicidad, en la segunda dependes del otro para ser feliz.

Nadie quiere perder su libertad, pero no nos damos cuenta que cuando hacemos que el otro sea responsable de nuestra felicidad, lo estamos encadenando. Por eso es que tantas personas huyen de sus relaciones cuando se sienten controladas y asfixiadas.

Afirmaciones

Elijo crecer y darme a mí mismo lo que necesito.
Yo puedo ser autosuficiente y feliz.
Yo elijo ser un adulto maduro e independiente.

Anota las afirmaciones con las que vas a trabajar. Escoge una de las anteriores o crea la tuya propia.

_____

_____

_____

_____

_____

Conclusión

Cuando escribo siempre escucho dos voces internas: la del chamuco y la del ángel. El primero tiene la tarea de asustarme y encogerme. Se vale de muchas artimañas y su intención claramente es desanimarme: "Pero mira, quién crees que se puede interesar en lo que tú escribes, está muy incompleto, necesitas perfeccionarlo…" Cuando le hago caso, hago a un lado mi trabajo y lo pospongo.

Pero la del ángel tiene otro cantar. Cuando le hago caso empiezo a sentirme entusiasmada e inspirada ante el prospecto de poder compartir lo que es importante para mí. Siento entonces la alegría y el placer de tocar dentro de mí partes más sensibles. Percibo la emoción mezclada con ansiedad al mostrarme vulnerable. Entonces pierdo el miedo a mis limitaciones y me concentro en el gusto por compartir.

Encuentro que la tarea más importante que tengo en la vida es la de aprender a aceptarme y quererme tal y como soy. Con mi chamuco y mi ángel, aceptando mis limitaciones pero tratando de elegir desde mi parte más elevada. Se dice fácil pero no lo es.

Si de alguna manera este libro les ha ayudado a conocerse mejor y a quererse más, y en consecuencia, a crecer en consciencia, me siento honrada. Gracias por su confianza.

Acerca de la autora

Rosa Barocio se interesa y profundiza en temas relacionados con la educación y el desarrollo humano. Es licenciada en Educación Preescolar, diplomada en Educación Montessori y diplomada en Educación Waldorf.

Tiene 30 años de experiencia trabajando con niños, capacitando maestros, dirigiendo y asesorando escuelas y orientando a padres de familia.

Actualmente radica en Cuernavaca, Morelos, y se dedica a impartir conferencias y talleres en diversas instituciones educativas y empresas en México y el extranjero.

Ha publicado tres libros más en esta casa editorial: *Disciplina con amor, Conocer tu temperamento mejora tus relaciones* y *Disciplina con amor para adolescentes*. Sus conferencias también están disponibles en CD.

Para obtener información sobre las conferencias y los talleres que imparte la autora, por favor escriba o consulte:

oficina@rosabarocio.com

www.rosabarocio.com

Esta obra se terminó de imprimir
en mayo de 2015, en los Talleres de

IREMA, S.A. de C.V.
Oculistas No. 43, Col. Sifón
09400, Iztapalapa, D.F.